スケッチ「親と子の50年」

小山敦司

赤ちゃんとママ社

はじめに

歴史は事実の積み重ねであると私は思います。しかし事実を歴史として語るとき、そこにはなんらかの操作が必要になります。それは歴史を語るときの動機のようなものなのかもしれません。

育児史、子ども史は今までにもたくさんありました。正確に執筆しようとすれば、育児の事象のなかからできるだけ育児にかかわらない夾雑物を排除することが正しい形なのかもしれません。しかしこの50年に限っていえば、単に親子のことだけを申し述べても、全体像が見えてきません。時代の移り変わりがあまりにも激しくて、育児と時代とが乖離してしまう、ある意味では時代を映す物差しを添えないと時代から遊離してしまう、そんな時代だったからではないでしょうか。

この50年は私には、時代はあまりにも早く、子育てに関する事象の歩みはあまりにも遅かったように見えていました。子育ては悠久の流れのなかにあるといえばそれまでですが、時代の流れとの乖離が、子育てによじれの現象を起こしたように思われます。これは親にとっても、子どもにとっても不幸なことでした。さらにいうなら、時代にとっても不幸なことでした。なぜなら、時代もまた積み重ねのたまものであり、世代の断絶により失われてしまうことが数多くあるからです。次世代という言葉が飛び交うのもそこに不安があるからだともいえるのです。

私は、次世代は時代とともにあるのだと思います。しかし同時に、時代はつねに次の世代を視野に入れて歩んでいかなければならない。もし時代が次世代にとって不都合であるなら、子どもにとってよりよい方向に舵をとる必要があります。

今回「親と子の50年」に描きたかったことは、大きな時代の流れのなかで、親と子の生活がいかに翻弄されてきたか、なぜ現在のような親子の生き方ができ上がってしまったかということでした。ただ、それを歴史の形で書き進めることは、私にとって荷の重いことで、私がこの50年に感じたことをフラッシュで映し出すように、このまま落としの形で提供したにすぎません。そうすることで、私が心に残してきたことが正確に伝えられるような気がしたからです。

第1章では、この50年親と子がどんな時代を過ごしてきたのか、私に影響を与えてくださった10人の先生のコメントとともに展開いたしました。第2章では、50年のあいだに心に残り、定着してきた私の思いをまとめました。これをお読みいただく方々に、この本をご批評いただき、あわせてこれからの親と子のあり方をお考えいただく一助にしていただければ、これに勝る喜びはありません。

2011年4月

小山敦司

目次

第1章

スケッチ「親と子の50年」

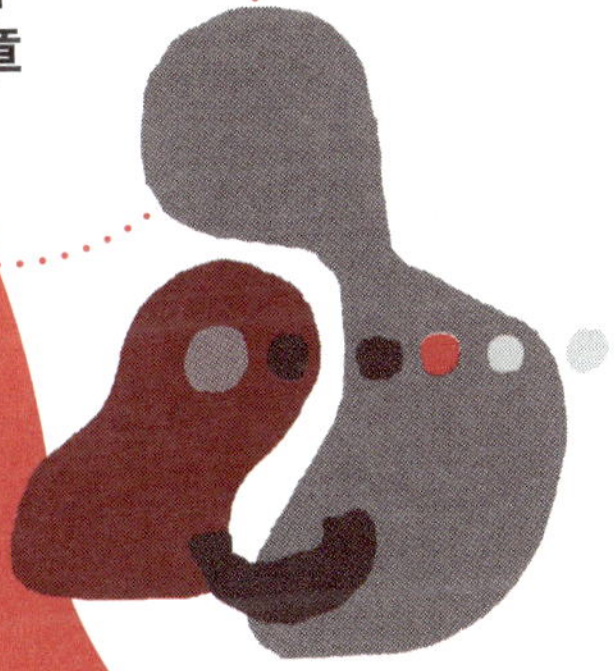

1945

1945〜1959

虚無から混乱へ

1945年、私は国民学校の5年生でした。東京から弘前近郊の母方の家に疎開して、2年目の暑い夏でした。その日一家で防空壕を掘り上げ、お昼からの放送を待ちました。

放送はほとんど聞き取れませんでした。ただ「堪えがたきを堪え」という言葉だけが耳に残り、これから本土決戦が始まるのだなと妙に納得したことを覚えています。しかし、大人たちの話を総合して、戦争が終わったことを知りました。あとになって、終戦の思い出についてさまざまな人の手記を読むと、一様に青い空を語っていることに驚かされます。

実は私もそうでした。もしかするとあれは、日本人が味わった共通の心象風景であって、すべてを突き抜けた虚無のイメージだったのかもしれません。

おそらく現在70歳以上の人は、かろうじてあの日のことを覚えているでしょうが、60歳以下の人にとっては、あの日から続く5年間、1950年までの戦後といわれる時代のことも、もはや、話に聞いたとしても実感として受け取ることは困難なことになってしまっているのかもしれません。

私が疎開から帰ってきた1948年、上野から山手線で大塚へ着き、高架上から眺めた大塚の風景は、瓦礫と横たえられたやけぼっくいが地平の彼方まで果てしなく連なる海としか思えませんでした。その海の中にポツリポツリと船のように、焼け残ったビルが浮いていました。あとから物の本を読めば、そこにどのぐらいの家があり、どのぐらいの人が住んでいたかわかったのでしょうが、とにかく、まるごと喪失してしまったという思いのほかは何も心に浮かんできませんでした。

いま「親と子の50年」というテーマでこの文章を綴っていますが、50年間をどう区切るか、いろいろ考えて、その始まりをとりあえず1955年にしました。そのわけはおいおい申し上げますが、しかし、それ以外に番外として、終戦直後からの10年間を総括しないと物語が始

東京の焼けあと風景

りません。戦後というエポックを考えるとき、1945年から現在までを思い浮かべてしまいがちですが、やはり、45～55年の10年間を戦後として位置づけることが必要かと思い、前史として述べたいと考えています。そこで少し「戦後」について述べたいと思います。

戦後、占領軍が日本に描いたグランドデザインは、人権と民主主義であり、そのためには日本は古い封建制から脱却しなければならないという筋書きだったことはほとんど疑う余地がありません。これは今日のイランやアフガンに対する民主化の政策とよく似ていて、ヨーロッパ、あるいはアメリカが歩んできた近代化の道にそっくりなぞらえた「近代化」であったといってよいでしょう。ただ、日本は明治以来、欧米を手本にして中央集権的国家をめざしていたので、封建主義からの解放という点ではアメリカ人の現状認識に誤りがあったのではないかと思われます。そのため、日本は明治以降自由民権と藩閥政府との争いを通して、しだいに全体主義的方向に流れていったということについては関心が払われず、武家社会から引き継がれた道徳や古い官僚のシステムには手がつかないまま、その後の官僚や会社組織の文化に残され、そのまま日本独特のタテ社会として残存していったといえるでしょう。それはアメリカの誤算であったと考えられます。

降伏調印

そこで手をつけられた改革は、女性の参政権、子どもへの社会科を中心にした民主教育、そして、家制度、土地政策の改革などでした。そのため農民層、女性、若者にとっては「自主・自由」という新しい意識が芽生えることになりました。

また、子どもたちにとっては、まったく新しい概念として教育の新しい道筋が示され、その中心にあったのは「自主」という言葉ではなかったでしょうか。終戦に続く3年間を、阿久悠さんは「長い歴史の中でたった3年間だけ、子どもがおとなより偉い時代があった…。たった3年だけお仕着せの価値観でなく子どもが価値観を見つけうる時代だった…」と振り返っています（1）。

日本は55年までの10年間に奇跡的な復興を遂げましたが、その背後にはいくつかの大きな出来事がありました。ひとつは戦後の賠償問題で最大の被害国であった中国をはじめ、多くの国が権利を放棄したこと。アメリカの民間団体であるララによる7年間にわたる食糧援助。そして隣国で勃発した朝鮮戦争による特需など、さまざまな出来事が国力を回復に導く原動力になりました。

国際的な動向で特筆されるべきは50年6月に勃発した朝鮮戦争でしょう。北朝鮮軍は開戦3日目には韓国の首都ソウルを占領、在日米軍は韓国支援のため海軍、空軍に出動命令を発令、北九州

戦後の闇市風景

に警戒警報が発令される緊迫した状況となりました。さらに7月に入ると、ベトナム人民軍がサイゴンのフランス軍拠点を占領、と、国際情勢は一気に緊迫の度を増しました。ここではもう、占領政策は新たに共産圏と反共国家群の対立の一環として位置づけされるようになり、在日米軍司令官マッカーサーの指令のもと、警察予備軍が急に設置されることになりました。こうしたなか、中国軍も戦線に加わり、日本の講和・独立は遠のくばかりでした。

52年、当時の吉田茂内閣は全面講和を捨て、単独講和に踏み切って、日米安全保障条約とセットで、不完全ながら独立を勝ち取りました。

占領下の日本には国民の血のにじむような努力があったことも忘れることはできないでしょう。食料品の配給が70日も遅配になり、その間に買い出しや闇市、竹の子生活による食いつなぎ、と、家を守る家人の苦労も並大抵ではありませんでした。終戦からの5年間は、戦争によって国土を失い、さらに外地に赴いていた人々の帰国を迎えた日本の国としてのインフラを取り戻すために、必死の努力が必要でした。

しかしその一方で、子どもたちは意外にのびのびと生活していました。この時代、子どもの放課後の時間は、都市では課外の勉強を1とすると、家の手伝いが1・4倍、遊びが2・2倍で、遊びに費やされる時間は1時間から1時間半あったとされています（2）。そしてそのほとんどは子どもどうしで遊ぶ外遊びであり、鬼ごっこ、まりつき、ゴムとび、かくれんぼ、缶蹴り、縄跳び、ビー玉、石蹴り、水遊び、砂遊び、かけっこ、虫取り、竹馬、チャンバラ、凧揚げなどの伝統的な遊びが多く、スポーツ遊びには、野球、ドッジボール、鉄棒、キャッチボール、相撲、水泳などがありました。そのほかには女の子に好まれたままごと、お手玉、お人形さん遊びなどがあげられます。一部教育的家庭からはひんしゅくを買う遊びもありましたが、特に危険な遊びでないかぎり子どもにまかせられていたので、子どもたちは比較的自分たちの空間を自由に確保することができました。

子どもたちの遊び方はルールにこだわるのではなく、その環境に応じて、たとえば3角ベース、木の上の秘密基地など、創意あふれるものも多く、遊びは探検であったり、創作であったり、あるいは仲間意識を育てる場であり、自分たちを育てる場でもあったのです。

子どもたちの娯楽としては本や雑誌もありました。そのなかには親に気に入られそうな教育性の高いものもありましたが、それらは50年代に入る前に姿を消し、『少年』『少女』『冒険王』『野球少年』といった娯楽性の高いものが人気を集めていきました。紙芝居も楽しみのひとつで、親

戦後の子どもの遊び

からはおどろおどろしいという理由で嫌われていましたが、子どもたちのあいだでは現在のテレビのように話題性に満ちたメディアになっていました。映画やその他の出版物も今日よりずっと多くの子ども用の情報を用意していて、子どもの文化として定着していました。

国土が減り、海外からの帰国に加えて、もうひとつ大事なこととして新しい生命の誕生があります。戦後、47〜49年にかけての第1次ベビーブームです。出生数は年間250万から200万を推移しています。これは戦前のピークであった1934年をはるかに上回るものでした。1934年は戦前では経済的に最も安定した時代であり、「産めよふやせよ」という国策にのっとって子どもが生まれた時期でしたが、内実は農業を含めた国力がその人口を養うにはたりず、移民や植民地政策を必要としていた時代です。言いかえればその時代すでに、日本の国土は自力で国民を養うことが困難だったのです。

そんな意味でも終戦直後のベビーブームは、新しい時代の希望の灯であったと同時に、一歩間違えば国家破綻につながる緊急事態でした。1948年、東京新宿で発覚した寿産院事件は養育できない乳児をあずかり103名を餓死に追いこむもので、日本古来の悪しき風習であった間引きを想起させる事件でした。この時期には非合法

の人工中絶も多く、人工妊娠中絶を盛りこんだ優生保護法がこの年議会を通過しましたが、翌年、経済的事情を加味され修正されたことは、当時のぎりぎりの国民生活を背景にしたものだといえるでしょう。

47年から48年ころに生まれた世代は、その後団塊の世代と名づけられました。その後この名称はなにかにつけクローズアップされることになります。そして「すし詰め学級」「かぎっ子」「学園紛争」「ニューファミリー」「企業戦士」など、成長に応じてつけられたネーミングが、戦後から今日まで、彼らが時代の立役者であったことを象徴しています。

第二次大戦後、世界の各地に生まれた世代はベビーブーマーといわれた人々は、よきにつけあしきにつけ、戦後社会をつくり上げる原動力でした。

壊滅に瀕していた工業力も戦後10年を経て、少しずつ力をつけるようになり、金偏景気、糸偏景気を経て、1955年には神武以来の好景気、58年には岩戸景気を迎えるほどになりました。

55年、さまざまな経済指数は戦前を上回ることになり、翌年の経済白書には「もはや戦後ではない」というフレーズを残しています。

さらには産業構造に明らかに変化が認められます。50年、第一次産業従事者は国民の48％以上であったものが、55年第二次産業が50％と逆転しま

す。同じころ、国民生活の水準を表すエンゲル係数は50％を切り、高校進学率は50％を超えています。国内政治に目を転じると9月に左右社会党の統一、11月自由党と民主党の保守合同による自由民主党が誕生。55年体制がスタートします。

また、この時代から30年間かけて、日本人の生活を大きく変えていった変革が2つあったことを掲げておきたいと思います。それはこのころを境に、人は自宅で生まれ、自宅で死ぬことが少なくなっていったということです。それまでの日本人は自宅で産湯を使い、畳の上で死ぬのが理想でした。しかし30年たってみると、この風習はすっかり影を潜め、病院という施設で生まれ病院という施設で死ぬ、そしてその間ずっとなんらかの施設、あるいは組織に依存しながら生きてゆくようになりました。極端にいえば、社会に身をあずけて生きてゆくという生き方がこのころから始まっていったといえるでしょう。

それは人々の生き方からある種の厳しさを失わせ、家庭という枠組みをあいまいなものにつくりかえる一因になりました。

さらに58年に明らかになったのは高度成長であり、エネルギーが石炭から石油にかわり、トランジスタラジオ、電気洗濯機、テレビ、電気炊飯器、電気掃除機、ステレオなどが、時代の花形になっていきました。このこともまた、暮らしに便

明仁親王（今上天皇）と正田美智子さんのご成婚

利さと楽しさを与えられる一方で、これらの製品に支配されるようになったといえるのかもしれません。
この年代の最後の年、59年に皇太子明仁親王が民間から正田美智子さんをお妃に迎えられました。これまでの皇室のあり方を一新したこの発表は、一般市民からは大きな賛意と好意をもって受け取られ、マスコミの報道もあいまっていわゆるミッチーブームが起こり世相に明るさをともしました。あやかり婚も少なからずありましたが、この年をきっかけに、第2次ベビーブームへと時代は移っていきました。

【註】
（1）阿久悠『瀬戸内少年野球団』文藝春秋
（2）１９４７年京都大学文学部調査より、川島書店『子どもの〈暮らし〉の社会史』（第二章55ページ所載）

1959

時代へのまなざし

巷野悟郎

小児科医55年

終戦の昭和20年に東大医学部を卒業予定でしたが、戦局の関係で前年の3月に卒業し、軍医学校で教育を受けました。その年の終わりに中国の広州（今の広東）の病院への辞令をもらいましたが飛行機が飛ばず、台湾の陸軍病院で終戦を迎え、翌年3月に日本へ戻りました。

その後半年して小児科に入局しましたが、毎日の仕事は入院外来の赤ちゃんをたくさん診ることでした。当時は乳児死亡率が高く栄養失調症や感染症、未熟児が多かったのです。まず苦労したのは、赤ちゃんの栄養で、牛乳をどうやって与えるか、それから離乳食です。小児科教授の詫摩武人先生に、栄養についていろいろ指導を受けました。当時は粉ミルクはありません。牛乳をうすめて飲ませます。するとタンパク質が減り、糖分がうすくなります。それにどれだけの砂糖や穀粉を加えたらよいのか、また、離乳食は何から始めたらよいのか、半熟と生の卵ではどう違うのか。自分で実際に調理をし、基礎的な研究というより、より現実に即した試行錯誤を繰り返して、その結果を学会で発表しました。そのころ日本では「母乳は時間を決めて与える」という考えが一般的でしたが、アメリカから、飲みたいときに飲ませる方法についての文献「Self demand feeding」が届いたのです。詫摩教授が「自己調節栄養法」と訳し、私も仲間と研究しました。外来ではお母さんに母乳の与え方を聞き、それを分類して発育と関連づけた論文を書き、それが日本小児科学会の雑誌に載って、「飲みたいときに飲ませる」という自律授乳が全国に広まりました。

やがて、厚生省母子衛生課（当時）に2年ほど出向。それが、それからの私の人生をずいぶん変えたと思います。母子手帳（現在の母子健康手帳）作成にあたったり、児童福祉法の企画にかかわりました。施設には最低基準として赤ちゃん1人に何平米必要か、保育士1人で何人担当するなど、乳児院や肢体不自由児施設（当時）、虚弱児施設の最低基準を作ったりしました。1人3・3平米が必要という保育所の最低基準が、今再検討されているといいます。

大学へ戻り5～6年、東京板橋の整肢療護園へ小児科の医師として週に1度行くことになりました。脳性麻痺や分娩による障害も多く、股関節脱臼やポリオも少なからずあり、施設内での赤痢の流行にも困りました。その後八王子に乳児院ができ、院長として赴任しました。乳児室の廊下側と外側の窓近くにいる赤ちゃんとで発育の違いを調べると、スタッフが歩きながらさわったり、抱き上げたりする廊下側の赤ちゃんのほうが発達が促されていることがわかりました。

次に札幌の市立病院に8年いて、産科といっしょに未熟児のセンターをつくりました。赤ちゃんの頭がいびつなのは妊娠中の体位が関係することや、妊娠8カ月ほどで生まれてきた赤ちゃんのお母さんの母乳は、未熟児に合う高タンパク・低脂肪であることなどを発表しました。昭和40年代には病気も様変わりし、がんや悪性腫瘍がふえてきました。私は都立駒込病院勤務を経て、都立府中病院（現小児医療センター）の院長に就任しました。

今の臨床医は、たとえば感染症が流行すると、臨床から離れた基礎研究に注目し、本当に大切な対処法や予防法、手をどうやって洗うかといったものをおろそかにするように感じます。こうした基本的な常識というか、患児と密着した部分を考えることは、いつの時代でも人事ではないでしょうか。

時代へのまなざし
高山英男

高度成長期の子どもの生活と文化の〝実態〟

50年代後期は、「生活綴り方運動」や「郷土教育」などの民間教育運動が盛んで、私は小さな出版社の編集者として農山村の教育実践記録や児童文化などの本を作っていました。高度成長期前夜、集団就職列車が地方から若者を運んでくる時代で、これからは都市の子どもの教育や生活行動が重要だと思ったとき、川崎の小学校教師・阿部進と出会いました。彼は、教室で子どもたちとチャンバラをしたり、町の駄菓子屋や貸本屋で子どもたちと遊んだりして地域との交流も盛んにしていました。

彼の書いた本が『現代子ども気質』。都市の子どもたちの生活や遊び文化がドキュメンタリーに書かれ、60年代初期の変化する時代のなかで、ビビッドに輝く子どもたちの生態を〝現代っ子〟と名づけて話題になりました。

当時、私のようなマスメディアの裏方は、自分の思いを著者が100％表現することはないため、満たされない思いをもっていました。ブームだった貸本漫画家の水木しげるや白土三平、手塚治虫や石ノ森章太郎、児童文化の山中恒などとの交流もでき、60年代初頭、「子ども」をテーマに仕事をする人たちとの交流サークル「現代子どもセンター」を発足。谷川俊太郎や寺山修司も参加しました。そして、『ひょっこりひょうたん島』の人形劇団「ひとみ座」を立ち上げた清水浩二の協力を得て、人形劇を製作しました。第1回公演は、アンデルセン作『人魚姫』。台本は寺山修司で、大人の鑑賞にもたえうる舞台づくりを意識しました。作曲は林光、人形デザインは宇野亜喜良、人形の製作は辻村寿三郎でした。

1965年に玩具や菓子など、子ども消費財の継続的調査のため「子ども調査研究所」をスタートさせました。『鉄腕アトム』『鉄人28号』など、漫画アニメ番組のブームが生まれ、スポンサーの大手菓子メーカーから子どもの調査依頼を受け、なにが子どもたちに受けるか調査を始めたのです。従来の子どもに関する文献や調査資料は、学校教育関係の研究ばかりで生活実態に迫れず、数量的な調査には限界があり、定性調査として子どもたちに体あたりの取材やグループインタビューを行いました。調査結果の購入者のほとんどが企業や大学の先生たち。企業が子ども文化に市場を見つけた時代でした。「何でも消せる消しゴムがあったら何を消したいか」というアンケートに「自分の顔を消して新しく描き直す」と答えた小学生の少女もいて、びっくりしたこともあります。寺山修司はそういう子どもの肉声を多く使ってユニークな戯曲を書き、舞台化しました。

最近、「ゆとり教育」が子どもの学力低下の元凶とされていますが、実際はどうなのでしょうか。高度経済成長期以後、学校教育そのものが進学競争に加担し、子どもたちは学校の偏差値競争や学習塾に追いまわされています。学力低下の解決に、学校の補習授業に進学塾の講師を呼び、公教育に責任をもつ文部科学省は学習塾ビジネスに降参してしまったのでしょうか。

「大人は子どもを教育する存在」ではなく、「互いの生命力や価値観を尊重しながら生きていく」ことを理解しましょう。私は、子どもへのインタビューを「ビュー（意見）をインター（交換）」する場と考えています。大人は自分の意見をしっかりと子どもに伝えつつ、子どもという〝異文化〟への強い好奇心をもって、彼らの意見をきちんと聞くというスタンスでいてほしいと思います。

1960

1960 〜 1969

変化と構築の時代

虚無から混乱へ、新しい時代の構築に向けて5年間はあっというまに過ぎてゆきました。

そして50年代の後半は、混乱の収拾であり、新しい考え方のスタートの時期でした。このころ芽生えた新しい生き方は、よきにつけあしきにつけて60年代、70年代、80年代の高度成長を支える骨格となってゆきましたが、アンバランスな成長がバブル崩壊以降の国民生活のほころびとなって、負の遺産としてのしかかっています。

この年、時代は大きく動きます。強圧的に安保条約の改定を推し進めた岸内閣は左右対立の嵐のなか、樺美智子さんの死亡事件が引き起こされる

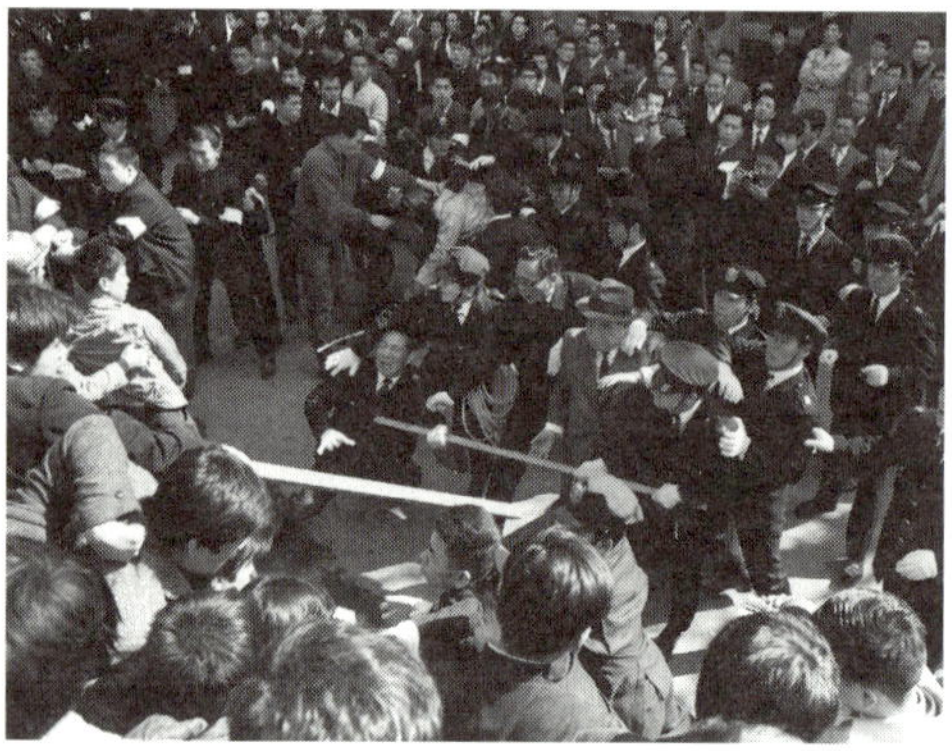

60年 安保闘争

ものの、強引にのりきって安保条約を通します。この左右対立の構図はその後も引き継がれ、68年の安田講堂や神田学生街の占拠につながり、69年には東大の入試中止、70年安保、さらに80年代の社会騒乱へとつながっていきます。この間の闘争は左右勢力の対立ではありましたが、学生主体の運動といってもよいでしょう。そしてそのなかで分裂を繰り返し、やがて赤軍派のように破壊活動が中心のものも現れ、ノンセクトといわれた学生が学園に復帰してゆくにつれて、学生運動そのものも沈静化してゆきました。

岸内閣は60年に引責辞職しますが、かわって登場した池田内閣は、経済問題を重視し「所得倍増計画」を展開します。かつて蔵相時代、第二次産業の振興にシフトさせていくことで、「貧乏人が麦を食うことになってもそれはやむを得ないことだ」といって物議をかもしましたが、この政策による急激な変化は60年代、70年代にわたって日本社会のすべての分野を根底から変えていくことになります。

母子に対する施策は1966年母子手帳が改定され、母子健康手帳と改められて、母子保健法の一環としておさまりましたが、これが戦後の母子保健の土台といっても過言ではありません。50年当時、乳児死亡は1000対60・1でしたが、60年30・4、70年13・1、80年7・5と、

1960
昭和35年

子ども・健康

水俣病
施設内分娩の割合が自宅・その他分娩の割合を上回る
人形「ダッコちゃん」流行
東京で家庭福祉員（保育ママ）制度が発足
中学校の生徒が前年より70万人増加し、教室不足が深刻化
女子の名前の「子」離れが進む
東京に「おもちゃ病院」がオープン
そろばん塾ブーム
拒食症の女性がふえはじめる

社会

安保反対運動高まる
池田蔵相「月給2倍論」
美智子様が徳仁親王をご出産
東芝が国内初のカラーテレビを発表
キューバ、カストロ政権樹立

そろばん塾

10年ごとに半減してゆきました。これは国民の栄養や衛生の水準が向上したこと、医療が著しく進歩したことの表れで、細菌感染による死亡が激減した結果と、世界各国から注目を浴びました。

その一方、死亡原因が変わったことによりほかの疾患がクローズアップされるようになりました。

特に60年代は、交通機関や輸送の発達にともなっ

●乳児死亡の年次推移（千人対）

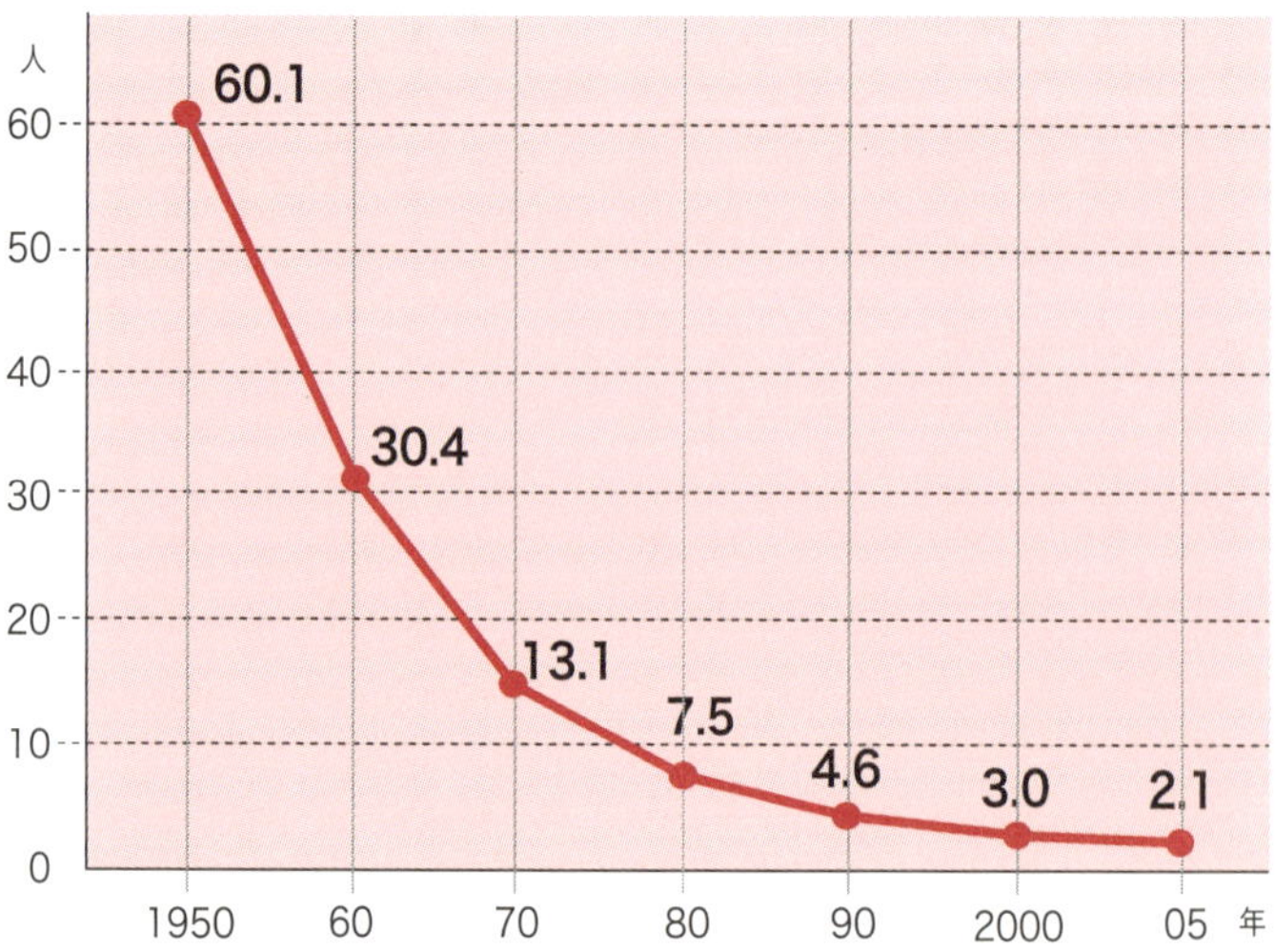

1961 昭和36年

子ども・健康

インフルエンザで７３１５学級閉鎖
小学校で児童数減少
１３００万人分のポリオ生ワクチンをソ連・カナダから輸入

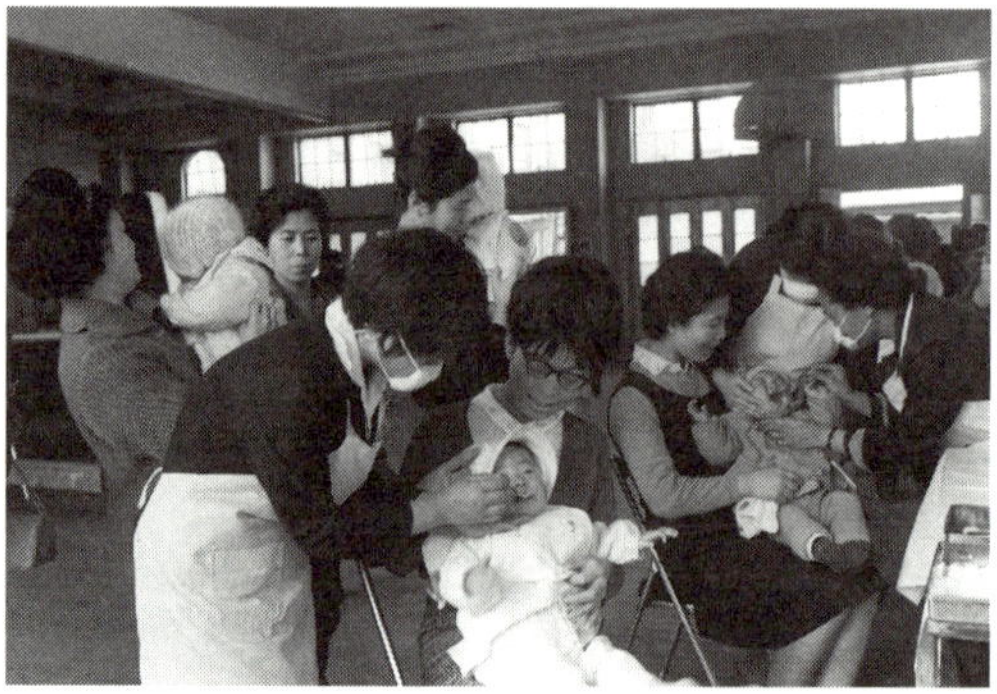
ポリオ生ワクチン接種

睡眠薬遊びが問題となる
小学校新学習指導要領実施
ポリオ患者が１０００人を突破
四日市ぜんそくが集団発生
小学校から大学まで、入試難が深刻化

社会

上を向いて歩こう（坂本九）

ガガーリン宇宙へ
柏鵬、横綱に
上を向いて歩こう
テレビ１０００万台突破
米国キューバと国交断絶
J・F・ケネディ、米大統領に
ベルリンの壁出現

1962 昭和37年

子ども・健康

インフルエンザで１０９４学級閉鎖
母子家庭児童に扶養手当支給
サリドマイド系剤出荷停止
『龍の子太郎』国際アンデルセン賞優良賞
過密過疎傾向高まる

社会

東京都の人口１０００万人を突破
大学紛争勃発
東京で高濃度汚染（光化学）スモッグ

てウイルスによる感染症がグローバルな問題になってきます。59年ポリオが流行し、60年には患者数5606名となり、ソ連からの生ワクチン導入をめぐってその是非が問われましたが、翌61年導入となり、ポリオは終息に向かいます。

しかしワクチンは絶大な効果をもたらす一方、65年にインフルエンザ、67年はしかとワクチン禍をもたらし、75年には三種混合ワクチンでも死亡が出るなど、ワクチン不信がのちのちまで尾を引くことになりました。

新しい医療技術は人々にとって大きな福音でした。戦後アメリカ軍によってもたらされた抗生剤は、48年から各病院に配給されることになり、ペニシリンを初めて投与したある小児科医はその効き目を見守ってひと晩じゅうまんじりともせずに患児に寄り添っていたといいます。「一夜明けて子どもが目をパッチリ開けて元気そうにしていたときはほっとしました」――彼はそのときの感想を今でも語っています。抗生剤はその当時魔法の薬のように思われていましたが、その半面「ストマイ難聴」など、進歩にともなう新しい問題も登場し、さらには耐性菌が出現するなど、疾病との闘いは今でもずっと続いています。

急激な工業の発展は、製品を作る過程でさまざまな有害物質を生み出します。また作り出された製品そのものが毒性をもっている場合があります。

文部省『日本の成長と教育』発表
厚生省、インフルエンザワクチンを毎年乳幼児、生徒などに注射することを決定
工業高等専門学校発足
全国で保母不足が深刻化

国際アンデルセン賞優良賞受賞
『龍の子太郎』の作者　松谷みよ子

首都高速1号線開通
若者にツイストが流行
キューバ危機

1963
昭和39年

吉展ちゃん誘拐事件
16歳少女誘拐殺人事件（狭山事件）
スモン・サリドマイド・水俣病社会問題に
小・中学生を対象にした全国一斉学力調査実施

爆発犯草加次郎登場
公害基本法設定に動く
平均寿命　男67・2歳　女72・3歳
黒い霧解散
第3次池田内閣発足
ケネディ暗殺
キング牧師らワシントン大行進

60年代、70年代はそういった公害の噴出した時代でもありました。カネミライスオイル、森永砒素入りミルクも子どもたちに降りかかった60年代前半の災難でした。

公害は63年のサリドマイド剤による奇形児の問題や水俣病が人々の耳目を集めました。

そのころアメリカでは海洋生物学者であり作家であったレイチェル・カーソンが『沈黙の春』という作品を書き上げていました。この本は環境汚

60 年代の京浜工業地帯

1964
昭和39年

子ども・健康

- 母子福祉法公布
- 全国で子ども電話相談開始
- ポリオ生ワクチンが定期接種に
- 全国で家庭学級が開設される
- 保母配置基準が改訂、保母1人につき 2歳未満児は8人、2歳児は9人に
- 東京で通学路・横断歩道などが設置される
- このころから「根性教育」が注目される
- 富士急ハイランド、よみうりランド、横浜ドリームランドがオープン

社会

- 東海道新幹線開業
- 東京オリンピック開催
- 新潟地震
- 名神高速道路開通
- 平均寿命欧米並みに
- 『11PM』始まる
- 初の原発東海発電所開業
- 赤字国債発行
- フルシチョフ解任

東海道新幹線開業

染をとり上げた初めての本で、はじめは雑誌に連載されて注目され、単行本となって初日に1万部を売り上げ、全世界で150万部の大ベストセラーとなりました。日本でも64年に翻訳されましたが、工業化の過熱に一石を投じて、その後の環境問題に大きな影響を与えました。この本が元になり日本でもDDTをはじめ、生活のなかの有害物質を排除しようという動きが盛んになりました。作家の有吉佐和子が『複合汚染』で環境問題を世の中に知らしめたのは、1974年のことです。

日本列島の民族大移動がもたらした過密過疎によって、首都圏、大都市圏という新しい地域圏が形成されることになりました。1957年には日本で初めての郊外団地が完成し、翌年、団地族という言葉が誕生しました。このあたりから職と住は隔絶され、生活と仕事はお互いに無縁なものとして独立し、隣は何をする人かまったくわからない状態が生じ、それは60年から70年にかけて大都市から中小都市へと広がっていきました。昔あったような地縁関係は薄れ、場合によっては、まったく成立できなくなり、毎日出勤する男性はともかく、家庭で育児に専念する主婦は育児の相談相手がいないどころか、話し相手さえ見つけることができなくなります。夫にとって地域はベッドルームでしかなくなって、交友関係は会社まわりでしか見つけにくくなっていきます。

1965
昭和40年

- 電電公社、育児休暇2年間に
- 人口減少の傾向、出生率・死亡率低下、人口老齢化（厚生白書）
- 国産はしかワクチン完成
- むし歯、7歳児で98%
- 子どもの近視増加
- 国際小児科学会、東京都で開催
- 母子保健法公布
- 「かぎっ子」が公立小・中学校の約1割、12万人余と発表（東京都）
- 成績の「ABC評価」の廃止など、幼稚園の指導要領を改訂
- 進学競争の過熱で、家庭の教育費がふえる（文部省）
- 全国初の子ども専門総合病院、国立小児病院が開設

- 佐藤内閣発足　首相訪米
- 肺がん患者ふえる（WHO）
- ベ平連運動始まる
- 日韓基本条約締結
- 少年ライフル魔事件
- 阿賀野川水銀汚染
- 中国で文化大革命の兆し
- ベトナム戦争でアメリカ北爆開始
- 米海兵隊ダナンに上陸

東京オリンピック

地方では、若者のふるさと離れが50年代後半から始まっていましたが、池田首相の工業重視の政策により、集団就職に拍車がかかり、農村の過疎、大都会の過密があらわになりました。ここから始まる農業政策は若者の農村離れを招いただけでなく、高齢者だけが農村に残される状況を招き、今日に至っては農業の持続可能性があやぶまれるといった状況をもたらすもととなっています。

赤ちゃんに触れたことがなく、育児知識がまったくない若い母親は、こうして隔絶された育児を強いられることになりました。夫婦だけで生きていくには都会の環境はあまりにも無慈悲で、共働きするにも保育所の入所もなかなか望めません。女性たちは「ポストの数ほど保育所を」をスローガンにして訴えかけましたが、当時の政府や社会は、共働きや保育所設置には消極的で、その解決は50年後の現在に至っても十分とはいえない状況です。

60年代、70年代当時では、主人は仕事、主婦は家庭という考え方が今よりはるかに強く、寿退社、子育て退社が当然のように思われていましたが、そのため自分の考えを殺して家庭に入った女性から現在子育て中の女性に、「女性は少なくとも子育て中は家にいるべき」という言葉を投げかけられることがしばしばあります。こうした怨念がしだいに子育て至上主義的な考え方を醸成していっ

	1966 昭和41年	1967 昭和42年
子ども・健康	母子保健法施行 大気汚染広まり、学童健康調査始まる 動物性食品の摂取ふえ、青少年の体位向上 ひのえうまで出生大幅減、前年比75％に 都市農村の所得格差　都市に人口流入 母子健康センター全国に459ヵ所に NHKテレビ『おはなはん』が大人気 かぎっ子対策で、児童館と児童家庭相談所の増設を始める（厚生省） 保母配置基準が改訂、保母1人につき3歳未満児は7人に 東京・世田谷区のナオミ保育園に病児保育室が開設 大学生が100万人を突破 文部省・全国一斉学力調査を中止 5歳児の幼稚園就園率44・3％、保育園利用率23・8％	母子健康手帳交付 児童手当実施の予備調査 公害基本法国会へ 勤労家庭の暮らし向き、やや好転 乳児死亡率、欧米諸国に比べて最低（経済白書） 幼稚園、保育園が不足 幼稚園が小学校の予備校化と指摘される 健保財政いよいよ悪化、医療費値上げ案 子どもを交通事故から守る運動が起こる 大学入学難のため浪人が25万人に コーラの売れ行きが牛乳を上回る（全国牛乳商連） 東京都が、延長保育実施を決定
社会	日本の人口1億人を突破 フォークソングブーム到来 喫煙者増加　男81％女15％ 尺貫法からメートル法へ 豊田自動車　世界のベストテン入り ビートルズ来日 西欧並みに3人家族増加 サラリーマン金融流行の兆し 自動車の保有台数が900万台を超え「車時代」に突入 ボツワナ独立 ブレジネフ、ソ連書記長に	美濃部亮吉、東京都知事に 中流意識9割の層に 初の大気汚染訴訟（四日市ぜんそく）始まる 第2次佐藤内閣 ドリフターズが人気を集める 砂川闘争 紅衛兵、劉少奇を打倒 第3次中東戦争始まる EC欧州共同体結成

たことも否めないことのようです。
60年代の保育所にはまだまだ収容所といったイメージがつきまとっていました。あずける側の母親たちにも、子どもをあずけることをどうとらえていいのか、とまどいがありました
さらに保育所の是非を問う世論もさまざまで、社会全体が保育ということに対して試行錯誤の時代だったといえるでしょう。
しかし、時代は高度成長期にさしかかり、女性の労働力が必要とされ、一般家庭の家計でも共働きが必要とされる状況でした。しかし、雇用する立場からは女性はまだまだ補助労働力という認識が強く、景気後退にともない切り捨てるべきものという考えがあったため、「女性は家庭」という意見はかなり強いものでした。しかし、景気の浮揚が恒常的になっていった1969年には、東京都を皮切りに0歳児保育設置が認可されるようになります。

子どもの教育問題も、高度成長とからんで様変わりを見せはじめます。60年に池田内閣の政策のひとつ「人づくり」は高度成長に見合う教育投資であり、労働価値を量から質に転換していこうとする経済界の考えをとり入れたものでした。62年に発表された文部省の「教育白書――日本の成長と教育」は続く経済審議会答申の「経済発展における人的能力開発の課題と対策」とあい

1968
昭和43年

- ぜんそくの原因は塵とダニと判明
- 先天性代謝異常の医療援助実施
- 全国に母子保健推進委員を置く
- 小児ガンの子を守る会発足
- ふえた学童の近視・弱視
- 水俣病・イタイイタイ病を公害病に認定
- 0歳児保育に厚生省動き出す
- 『少年ジャンプ』創刊
- 子どもの人気メニューが、玉子焼きからハンバーグへ
- 全国の核家族世帯は56％、共働き世帯は45％

ドリフターズ

- 農業人口20％を割る
- 沖縄返還運動盛んに
- 成田空港反対闘争始まる
- 小笠原返還の調印
- 国民総生産世界第3位に
- 各地で学生運動、大学紛争盛ん
- 3億円事件
- ベトナム、テト攻勢開始
- ベトナム戦北爆停止
- ニクソン大統領就任
- プラハの春（チェコの自由化闘争）
- メキシコ五輪

まって、能力主義的教育への転換を打ち出したものでした。

この方針は最終的に学問の能率化にむすびつき、点数に応じて序列化することにつながってゆきます。これは社会のニーズでもあり、それは家庭にも波及し、親のニーズになり、新しい学歴社会をつくり上げてゆきます。

高校入学率は1960年には57・7%、1965年には70・6%、1970年には82・1%と上昇し、大学入学率もそれを追いかけて上昇しました。

しかし能力教育と詰めこみ主義はふるい分けと落ちこぼれにつながります。多くの学生は無気力になり、教師は疲れはてるというのが当時の学校絵図といえるでしょう。

海外に目を転ずると、60年代の初頭、キューバのカストロ政権が生まれたことに端を発したキューバ危機の問題がありました。キューバを敵視するアメリカと、援助しようとするソ連とのあいだで、ミサイル配備をめぐって第2次大戦以来の最大の危機が生じました。幸いこの危機は回避され、デタント（緊張緩和）が訪れましたが、63年ケネディ暗殺、64年フルシチョフ解任と、世界はそのたびに揺れ動きます。そして60年、ベトナム解放民族戦線が南ベトナム政府軍を攻撃したことで始まるベトナム内戦は、15年間にわたって泥沼の戦闘が続き、ついには南ベトナムに介入したアメリ

1969
昭和44年

イタイイタイ病陳情

子ども・健康

インフルエンザ猛威、学級閉鎖5000に迫る
イタイイタイ病、安中近辺に多発
スモン病原因解明に動く（厚生省）
高齢初産に異常児多いとの報告
もやしっ子ふえる
子離れできない母親増加の傾向
保父さんふえる
0歳児保育所設置認可
全国初の自閉症児治療センターが東京都に開設される
1月生まれの子どもが激減、5月生まれが激増していると発表（厚生省）
文部省が初の「全国肥満児調査」を行う

社会

東大安田講堂での攻防
通勤ラッシュ
衆院選で自民288議席
東名高速道路全面開通
日本のGNP世界第2位
人類、月面に第一歩
大菩薩峠で赤軍派53人逮捕
沖縄返還の共同声明
イスラエルにゴルダメイア首相誕生
ドゴール辞任、ポンピドゥ大統領へ
リビア、カダフィーが掌握

カが撤退することで終止符が打たれました。

ベトナム戦争の最中、64年には日本では念願であった東京オリンピックが開催され、日本じゅうが沸きに沸きました。オリンピックに合わせ、整備された東京周辺は首都東京を華やかにアピールしました。

世界の争乱に歩調を合わせるように日本も平和運動、ベトナム反戦運動が起こり、70年代の学生運動へと、激しさを増してゆきます。東京大学安田講堂での全学連と警察官との攻防が行われたのは60年代最後、69年のことでした。

60年代はこのように世界じゅうが東西冷戦と争乱に揺れた時代でした。そのなかで日本は驚異の経済発展を遂げ、他国からエコノミックアニマルというありがたくないあだ名までつけられました。

皮肉なことに、この年代の締めくくりは道徳教育の義務教育化でした。

月面着陸

安田講堂での攻防

1969

時代へのまなざし

平山宗宏

ワクチンの変遷とともに

私が東大の小児科に入局したのは昭和30年です。そのころ、教室には細胞培養法をとり入れたわが国としては草分け的なウイルス研究室があり、そこで毎夏流行していたポリオ研究に参加させていただいていました。35年に北海道から始まったポリオの大流行があり、国民の不安が大きくなりました。そこで米国で開発された不活化ワクチン（ソークワクチン）の少量輸入とわが国での生産の準備が始まり、あわせて流行の阻止により有効と考えられた生ワクチン（セービンワクチン）の研究も、当時の厚生省としては破格の規模で組織が発足しました。しかし、翌36年に九州地方で始まったポリオの流行が前年を上まわる勢いで全国に広がり、「ワクチンをなんとかしてほしい」という声と運動は大きくなるばかりでした。わが国では、新しいワクチンは国内で段階を追った接種試験を行い、安全性と効果を確かめないと使えないのですが、当時の流行の大きさと母親たちの不安から、前年に始まっていた生ワクチンの試験研究が終わるのを待つ余裕はなくなってしまいました。

当時の古井厚生大臣は「責任はすべて私がもつ」という異例の談話とともに生ワクチンの緊急輸入に踏み切り、1ヵ月のあいだに乳児から小学生までの子どもたち全員に接種を行いました。効果は絶大で、流行はピタリと止まりました。これは国の主導でしたが、同時に日本の公衆衛生システムの実力が示され、学者たちの研究ネットワークができ上がった事業でもあったのです。最初のポリオの次に研究者チームによる感染症対策は麻疹ワクチンでした。

ころの生ワクチンは9割以上に高熱が出る、いわば軽いはしかにかかるような状態でしたが、わが国でも研究が進み、安心して使えるようになりました。現在はすべて国産ワクチンで、世界的に最もすぐれたワクチンだと考えています。

一方、40年ごろ米国で風疹の大流行があり、妊婦が罹患して先天性風疹症候群の子どもが2万人生まれたと報告されました。日本でもまだアメリカの占領下だった沖縄で風疹の流行があり、同群が多発したという情報が、その子たちが3歳のころに入り、日本政府が健診団を派遣し、私も参加しました。すぐに必要な手術の手配や聴覚障害児への補聴器の配布と支援教育が行われました。次の流行までにまにあわせようと、わが国でもワクチンの開発が求められ、すぐれた生ワクチンが開発されています。50年の予防接種法改正では、麻疹と風疹のワクチンが定期接種に指定され、現在では、両者の混合ワクチン（MRワクチン）が広く使われているのはご存じのとおりです。

水ぼうそう生ワクチンは、高橋理明教授が世界に先駆けて開発されたワクチンで、アメリカでも使用されています。おたふくかぜ生ワクチンも国内3社で開発されましたが、麻疹・風疹のワクチンを合わせたMMRワクチンは、わが国では実用化後におたふくかぜワクチンの副反応による無菌性髄膜炎の発生頻度が高いとして中止され、まだ再開されません。現行のおたふくかぜ単独のワクチンでも2000~3000人に1人くらい、無菌性髄膜炎が出てしまうようです。この点は気になりますが、おたふくかぜに罹患すると保育園や幼稚園を長く休む必要がありますし、100人に3人ほどの率で髄膜炎を合併しますから、それと比較すれば3歳になったら接種するのが得でしょう。

我々が苦々しく感じるのは一部の報道のしかたです。副反応のことばかりをとり上げるので、世の親たちが心配し、接種を控えます。単に罹患したときとの比較を考えない風潮がいちばん困りますね。

時代へのまなざし

小林登

「チャイルドケアリング・デザイン」は、子ども学的発想で

戦時中、どうせ戦争にいくならと、私は海軍兵学校に入りました。戦後は旧制高校に入り直し、医学部に入ったのです。

戦争に勝ったアメリカを見たくて、卒業後直ちに渡米し、クリーブランドの病院とシンシナティの小児病院で勉強しました。優秀な病理学の先生のもと、新しい小児科の勉強ができたことは私の人生にとって大きな転機でした。同級生から2年ほど遅れて東大に入局。病棟でお母さんが七輪で子どものおかゆを作るような時代でした。私はその後、イギリスにも留学することができました。

教授になったのは1970年。その年に文部省から、世界の医学教育を視察するよう要請がありました。イギリス、フランス、ドイツ、北欧をまわり、アメリカ、そしてオーストラリアに飛びました。そのとき、解剖や生理・生化学にとどまらず、医学部に霊長類の講義があるなど、縦割りではない横断的な授業体系に、時代の動きを感じました。

思い返すと、アメリカでは先天異常、イギリスでは免疫の病理を学び、東大でがん細胞の研究をしました。71年の「サイエンス」に「赤ちゃんの手の動きはお母さんの語りかけに同調する」という論文が出て感銘し、私もがん細胞の解析から母子相互作用の研究に移りました。医学部同期で卒業後工学部に入り教授になった同級生の協力を得て、コンピュータを使って同調現象を証明しました。こうして私は、赤ちゃん研究に入っていきました。

その後厚生省（当時）から「子育ての研究班の班長」を任ぜられ、最初の2期を担当。大平総理の在任時には21世紀の日本についての勉強会に参加し、「家庭基盤の充実」と「科学技術の歴史的展開」などの勉強会で、科学技術と人間関係などの学問を横につなぐような学際的背景が必要だという議論をしました。

小児病院の院長時代、ノルウェーのベルゲンで、インターネットで子どもに関心をもつ世界の学者や実践家をつなぐ計画が話し合われ、それに対応するため、ベネッセ・コーポレーションの福武社長（当時）のご支援でインターネット上に研究所「チャイルド・リサーチ・ネット」を設立しました。「児童学」「小児学」のような既存の学問ではなく、新しいチャイルド・サイエンス、「子ども学」の研究所としました。今年で満15年になります。

また、定年後には埼玉医科大学の小西行郎助教授（当時。現同志社大学大学院教授）に要望され、出る幕ではないのですが「赤ちゃん学会」を設立。さらに育児、保育、教育のような、子どもに直接影響する問題を扱う「子ども学会」も立ち上げることができました。

今重要なのは、「チャイルドケアリング・デザイン」。子どものことを心配して、考えて、社会のモノやコトをデザインすることです。子ども学の研究を中心に、どんな子育てのデザインがいいか、行政も社会も考え直すべきだと思います。

いい「チャイルドケアリング・デザイン」の実現には、子ども学的発想のリサーチが必要。デザインしなければならないものには、『家庭省』のようなものをつくるという発想や、「男性も積極的に子育て」をする社会体制、各地で活動中のＮＰＯの活性化など、いろいろあります。

1970

1970〜1979

争乱と成長と

65年から70年前半を通して、中国では文化大革命の嵐が吹きまくります。

毛沢東が、欧米先進諸国やソ連に追いつこうとしてとった「大躍進政策」は、人民のマンパワーを背景にして計画されたものでしたが、科学的な裏づけのない企画が裏目に出て、一部では2000万人が餓死するという大飢饉を生み、工業生産でも予期した成果が上がらず、実権を失うことになります。毛沢東はそれを革命の大義を忘れた実権派幹部たちの責任とし、続行中の革命を仕上げるという名目で、少年を含む紅衛兵を動員して巻き返しに打って出ます。

人民の不平をバックにしたこの革命は、その後紅衛兵の内部分裂や、毛沢東と林彪の権力をめぐる対立などがあり、1971年にクーデター失敗のため、林彪が航空機で逃亡中に墜死するという事件をきっかけに、華国鋒が国家主席の座におさまり、四人組の失権など、終息に向かいました。文革は長い間かかり、その犠牲者は数百万人から3億人とまでいわれ、この間、その影響はさまざまな国に及んでいます。また、革命の続行途上にあるとする毛思想は、中国のその後に少なからず影響を残し（第1、第2天安門事件）、その後の権力の行方にもいまだに影響しているようです。

またベトナム戦争の行方はアメリカの北爆停止（73年）、さらにアメリカ軍のベトナム撤退・終結（75年）へとつながります。

国内では赤軍派の53人が大菩薩峠で逮捕され（69年）、翌年よど号ハイジャック事件、さらに連合赤軍による浅間山荘事件（72年）と赤軍派関連の事件が続発。海外に飛び火してハーグ仏大使館占拠、クアラルンプール米大使館占拠、ド・ゴール空港で日航機ハイジャックなど70年代の赤軍派は世界を騒がせました。

子どもの世界に目を転じてみましょう。70年代は高度成長の影響を受けて乳幼児対策、母子対策に目が向けられた年代でもあります。母子保健対策費は倍増し、児童手当がスタートしま

1970
昭和45年

大阪万博

子ども・健康
医療費値上げ反対で医師会全国一斉スト
母子保健対策費倍増
5歳児就学見送りとなる
母親のかまいすぎか、母原病提唱される
DDT・BHC汚染牛乳問題化
心身障害者対策基本法成立
種痘ワクチン禍、新ワクチン開発へ
キノホルム使用停止
児童手当実施決定
はしか新ワクチン使用始まる
幼稚園児の塾通い
WHOが日本の乳児死亡率低下を絶賛

社会
第3次佐藤内閣発足
日本、核拡散防止条約に調印
大阪万博開催
嘉手納基地、戦略基地として米軍決定
よど号ハイジャック事件
東京都で歩行者天国始まる
イスラエル・アラブ停戦
ドゥブチェクら チェコ共産党から除名

した。また0歳児医療費の無料化が実施されました。しかしその一方で乳幼児に心配される傾向が見られるようになり、肥満児が増加の傾向にある、教育ママが話題となる、問題児が多くなっている、という記述が71年の厚生白書に見られます。

疾病では、筋肉注射による大腿筋短縮症や、都市では自然気胸が激増し、小児ぜんそくの増加が問題視されています。小・中学生では脊椎側湾症への警告がなされています。

1973年には第2次ベビーブームで出生数は209万人となり、人口問題審議会は人口抑制を提案しています。一方、働く母親の増加で、保育所の増設が要求されましたが、遅々として進まぬなか、無認可のベビーホテルが激増しました。

大鵬　最後の土俵

1971
昭和46年

子ども・健康

キノホルム停止後スモン病激減、キノホルムが原因と断定
玩具安全衛生基準できる
大麻、LSDが急激に広まる
農薬、殺虫剤が母乳から検出
イタイイタイ病訴訟、住民側勝訴
1人当たりの医療費10年間で6倍に
新潟水俣病、患者側勝訴
出生率低下、肥満児増加（厚生白書）
教育ママによる問題児増加（厚生白書）
サリドマイド児の全国調査始まる
非行少年低年齢化

安全マーク

社会

第一次産業従事者20%を切る
横綱大鵬引退
林彪らクーデターに失敗死亡

1972
昭和47年

子ども・健康

児童手当スタート
風疹ワクチン完成
0歳児医療費無料化、各自治体で
羊水チェックで胎児異常を知る
四日市ぜんそく、イタイイタイ病、患者側勝訴
PCB汚染母乳にも
勤労婦人福祉法施行
第2次ベビーブーム 出生数205万7000人で過去最高
ベビーホテルが繁盛

社会

アイルランド、イギリスなどECに加入
連合赤軍、浅間山荘に立てこもる
沖縄復帰
ローマクラブ『成長の限界』を発表
ウオーターゲート事件発覚
ピル解禁を求め、中ピ連結成
田中内閣発足
日中国交樹立
バングラデシュ パキスタンから分離独立

親と子の50年を語るうえで、忘れられない2つの漫画があります。ひとつは戦前、田河水泡について漫画家となった長谷川町子の『サザエさん』、戦後51年から74年まで朝日新聞に連載されました。もうひとつは64年に雑誌連載が始まり、73年からはテレビ放映も開始され、79年までを第1期とし、現在も続いている藤子不二雄の『ドラえもん』です。この2つの漫画は、子どものいる家庭をテーマとした戦後漫画の代表作といっていいでしょう。

この2つの作品をくらべてみると、製作された年代によって作者の目のつけどころが違っていることに気づかされます。サザエさんは一家の家族構成が変わっても、視線は常に磯野家が主人公であって、カツオにしてもその他の人物にしても家庭の一員として存在しています。それに対してドラえもんのほうは、いささか頼りないのび太が主人公で、彼を取り巻く友達とのつきあいのありようがテーマとなっています。もちろんサザエさんは新聞連載で、大人が見るということも想定されていたと思いますが、ドラえもんは子ども文化が確立されてきた70年代を反映して、子どもの世界が中心になっています。

さらに第1期のドラえもんと第2期のドラえもんでは、時代背景も違えば、登場人物のメンタリティーも微妙に違ってきています。ドラえもんは宇宙から来た猫型のロボットとのび太とそれをと

1973
昭和48年

水俣病訴訟、患者側勝訴
粉ミルクヒ素中毒、損害賠償訴訟提起
子ども2人、30歳までに産みおさめ
（厚生省出産力調査）
公害健康被害補償法制定
ベビーブームの就学対策に先生10万人増員
山梨で奇病、かぜの注射で歩行困難
大腿筋短縮症
インフルエンザ大流行
国内の出生数ピーク、209万人
離婚件数新記録、結婚減る
有病率10年前の2倍
コインロッカーに捨て子多発

51％の人が
暮らし向き悪化？
GNP115％の伸び
第4次中東戦争で
オイルショック
国民所得の伸びおさまる

金大中拉致
ベトナム和平調印

沖縄復帰デモ

りまく子どもたちの友情がストーリーとなっていることは1期2期とも同じですが、作品の持ち味はかなり違ったものになっているのです。それはこの40年のあいだに同じ物語が成立しないぐらいに、時代そのものが変化していることを物語っています。

たとえば、70年代ののび太の家のまわりには置き忘れられたような3本の土管がある空き地があり、裏山にある学校には、千年杉と呼ばれる大木があります。しかし、80年以降のリメークでは、彼らはすっかり整えられた住宅地に住んでいます。ここでは子どもたちの遊びは大事なテーマではなく、もっとSF的な世界が展開されるのです。漫画世界が変わったのではなく、現実が漫画を変えていってしまったといえるでしょう。

こうして、高度成長は単に経済上の変化だけでなく、ささいなことから私たちの暮らしに変化をもたらしました。たとえばテレビは月単位の暮らしを週単位へと意識づけましたし、給料の銀行振り込みは家計の主体を夫から妻に移行させました。しかしそのなかで、いちばん重大な変革を強いられたのは子どもでした。

それは現在「三間の喪失」という言葉で語られています。三間とは、空間、時間、仲間をさしています。それは子どもたちにとって、子どもの共和国を意味していました。のび太が遊んでいたよ

1974
昭和49年

長嶋茂雄引退

子ども・健康

現代っ子は非社会派（東京都調べ）
人口問題審議会、人口抑制を提案
体格はよいが体力のない都会の子（文部省）
学校5日制案、子ども・教師は賛成、父母は反対
大腿四頭筋短縮症診査基準を設定
サリドマイド訴訟和解、賠償金24億円
70歳以上の有病者急増
小児慢性特別疾患の医療費公費負担に
自然気胸が都会で激増
児童手当法、母子福祉法一部改正
カドミウム、銅汚染全国に
かぎっ子に学童保育所をと主婦ら立ち上がる
老齢社会対策、厚生白書に
未熟児網膜症の実態調査

社会

物価上昇率世界一、卸売物価西独の4倍
日本赤軍ハーグの仏大使館占拠
食糧庁、米食をPR
田中首相、金脈問題で辞任、三木内閣発足
長嶋茂雄引退
ウオーターゲート問題でニクソン辞任
フォード副大統領昇格

うな空き地は、大人のために意味ある空間として囲いこまれ、路地もなくなりました。そこから締め出された子どもはもっと危険な場所に移るか、規制の厳しい公園やアウトドアで遊ぶかということになりますが、自由に遊ぶ時間はなくなり、仲間もいなくなります。子どもたちの遊びはだんだん衰退し、それに変わって小人数で遊ぶ室内ゲームのようなものになっていきます。

1972年、仙田満（東京工業大学名誉教授）は神奈川県をモデルにして子どもの遊び場の調査を行い、当時子どもが遊んでいた空間を6つに分け、15年前とくらべてそれぞれの減少傾向を調べています（3）。

(1)自然空間（川・森・田畑・野原）100分の1
(2)オープンな空間（空き地・原っぱ・運動場・広場）4分の1
(3)道の空間（表通り・路地・あぜ道）3分の1
(4)アナーキーな空間（廃材置き場・工事現場・焼け跡）24分の1
(5)アジトとしての空間（防空壕・廃屋・倉庫・納屋の屋根裏）10分の1
(6)遊具の空間（運動場の鉄棒、すべり台など）
面積的にも数量的にも、このように歴然と減少しています。

しかも、このころから子どもたちは、大人にアウトドアに連れ出されても、ものの10分も探索す

1975
昭和50年

●出生数及び合計特殊出生率年次推移

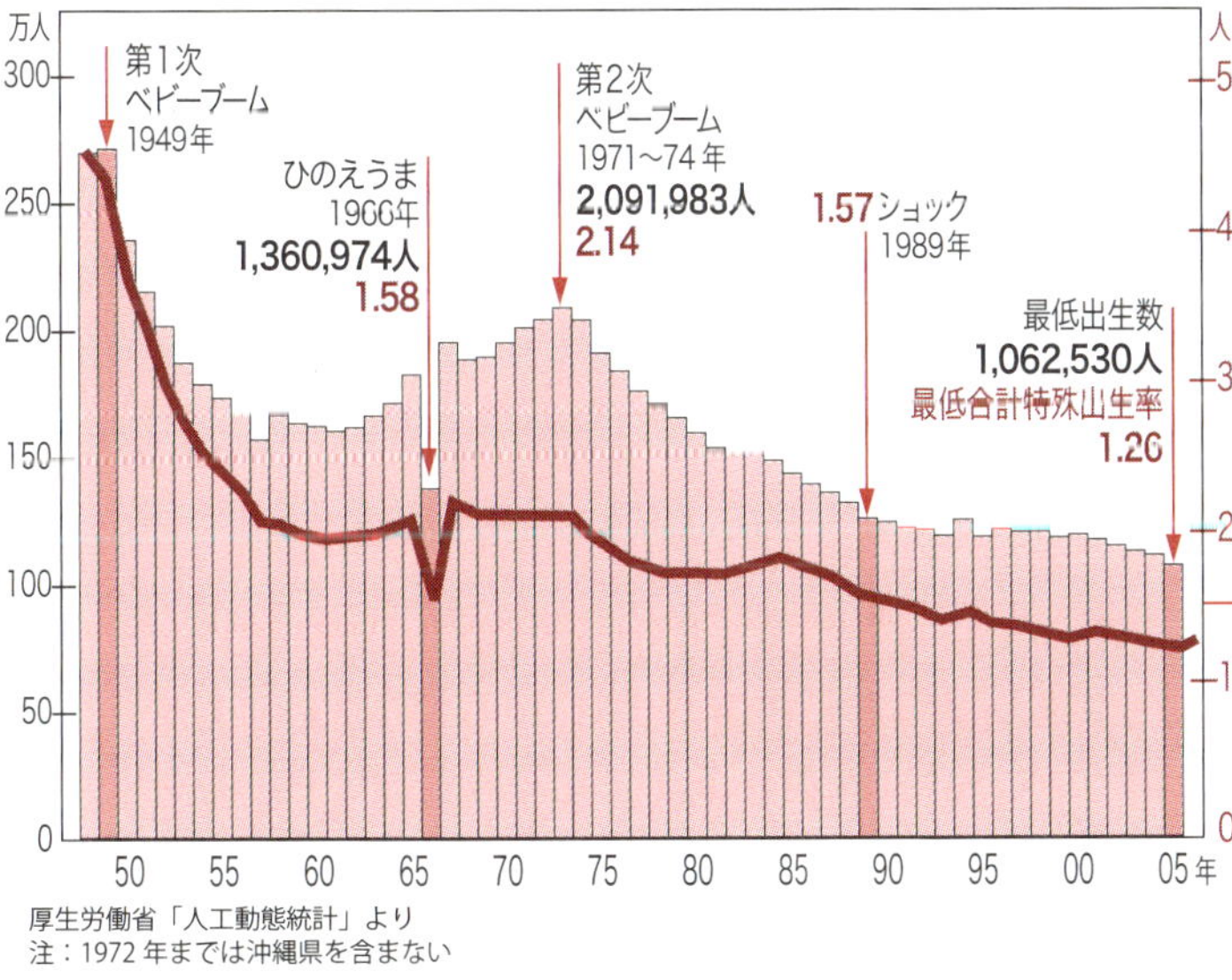

厚生労働省「人工動態統計」より
注：1972年までは沖縄県を含まない

出生6年ぶりに減少
母乳育児の啓発（厚生省）
三混ワクチン事故多発
百日咳ワクチンで乳児死亡
ワクチン接種事故で集団訴訟
育児休暇法案成立
都内の児童、ぜんそくが増加
少年法改正
児童手当、発足4年で見直し
天然痘弱毒生ワクチン承認
7カ月の胎児中絶禁止
少年犯罪が増加傾向

沖縄海洋博
日本赤軍クアラルンプールの米大使館占拠
先進国首脳会議（第1回サミット）開催
GNP3年ぶりでプラス
国鉄がスト権スト実施
英サッチャー首相誕生
ベトナム戦争終結

ると、広場のまん中に座りこんで何もしなくなることが多くなってきました。時間・空間・仲間を与えられても自分たちだけでは何もできなくなっているのです。つまり、すでにそういう遊びの文化を失ってしまったのです。この状況を憂える大人が戸外での集団スポーツなど（少年野球など）をさせても、それは大人の管理下で決められたルールを習うことでしかありません。子どもから主体性が消えていっているのです。

しかしそれでも子どもは自分たちのやりたいものを探します。制約が厳しいのでなかなか見つからず、たとえ見つかったとしてもかなり高年齢になってからで、グループサウンズ、ロックやフォークのようなミュージック系やダンスなど、どちらかというと親や学校からは不良視され禁止されるべきものとなって、子どもはますます閉塞的な方向に追いこまれていきました。

第二の間とは時間の喪失をさします。かつて60年代以前は、子どもの遊びは夕飯前までは大体保障されていました。しかし62年になり、文部省の教育白書に「経済発展における人的能力開発の課題と対策」がテーマとして掲げられ、さらに、「日本の成長と教育」が出るにおよび、教育は産業界の「労働の価値は量から質へ」という考え方にそって方向転換されるようになりました。全国一斉の学力テストもその一環に位置づけ

1976
昭和51年

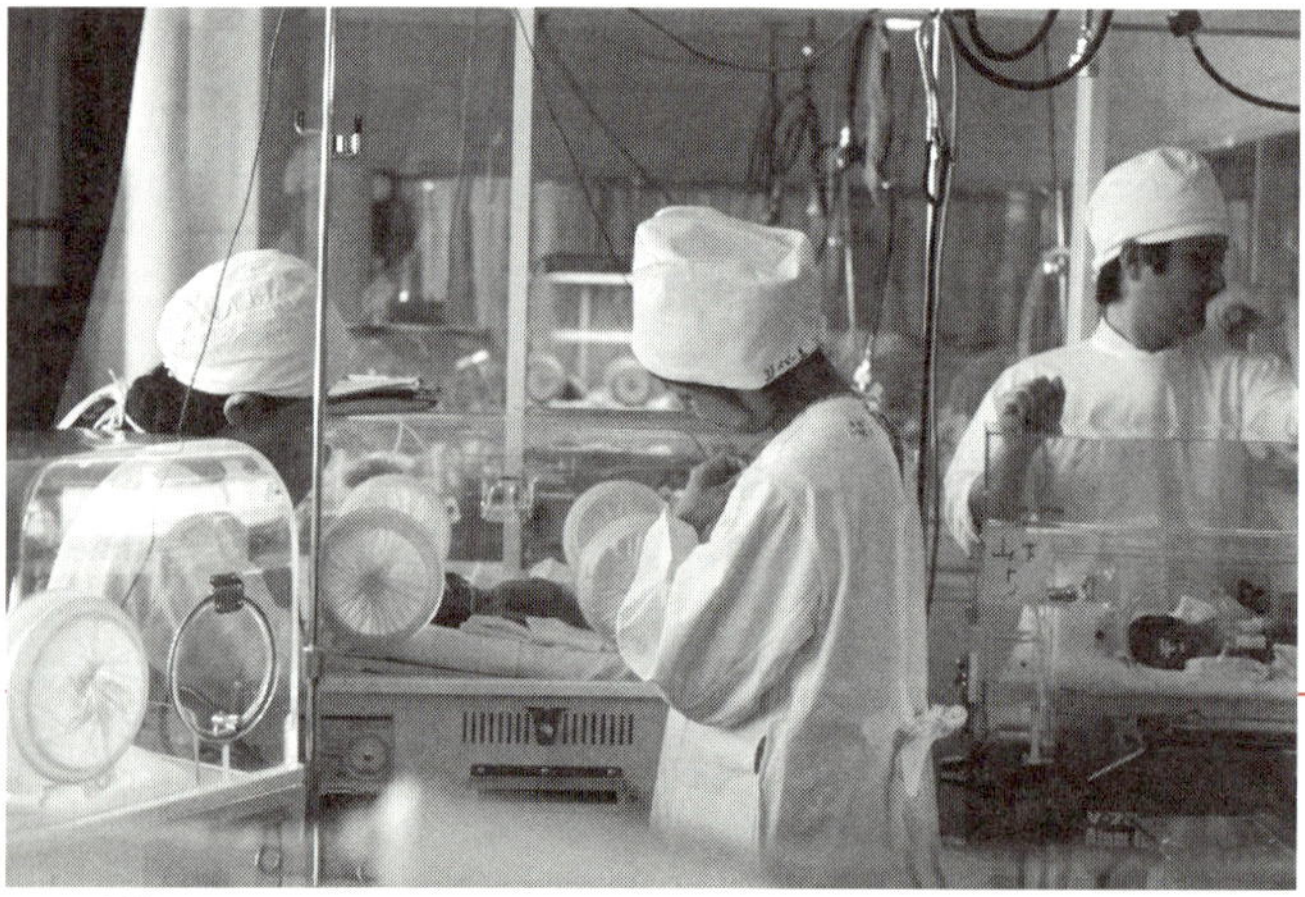
五つ子誕生

子ども・健康

鹿児島で全国初の五つ子誕生
3歳児の87%がむし歯罹患
むし歯で心臓・腎臓のリスク児10%
乳児保健相談事業創設
風疹10年ぶりに大流行
公立保育園に保父さんデビュー
股関節脱臼が防止可能と判明
愛知県の産科医により
赤ちゃんの縁組相談始まる

社会

ロッキード事件発覚、
田中前首相逮捕
新自由クラブ結成
三木改造内閣
福田内閣誕生
周恩来首相死去
世界人口は38億94万人
ベトナム統一選挙
金大中氏に懲役8年の判決

られ、学歴はエリートだけのものではなくなり、高校や大学への受験率も60年代の半ばから年々高まりを見せるようになります。

しかし、裏を返すと、エリートをめざす、めざさないはともかくとして、子どもたちはしだいに競争を強いられるようになり、学習塾、予備校のニーズが高まると同時に、子どもたちに落ちこぼれの不安をもたらすことになりました。

ひと昔前にあった家庭や家業の手伝いはもとより、自由な時間も削られ、「なんにもしなくてもいいから勉強しなさい」という親の命令に従って、人目を忍んで屋内遊びやテレビにしがみつく子どもがふえてきたのも、このころからでした。

これら2つの「間」の喪失は、必然的に仲間の喪失につながっていきます。原っぱや空き地での交流は近隣の異年齢集団での遊びを可能としますが、70年代に入るとつきあう仲間は同クラスの仲のよい友人に限られるようになります。そしてその友人関係を壊さないよう、仲間どうしで切磋琢磨するような競技性やゲーム性の高いものから、仲間の和を損なわないように、おとなしいものへと変化していきます。

このような考え方のなかから、学校のクラスのなかで異端と思われるものを排除する傾向が生まれたとしても不思議ではありません。しかし学校は個々の学業を考えるあまり、子ども集団の遊び

1977
昭和52年

インフルエンザ猛威、
　2万4200の学級閉鎖
給食用ポリプロ食器毒性の危険、使用禁止
大腿四頭筋短縮症に治療基準
児童手当についての調査で否定派1割
1歳半健診制度化
先天性代謝異常マススクリーニング開始
突然死防止に研究会発足
ポリプロ食器に安全宣言
健保の赤字組合4分の1に
登校拒否児に体の変調を訴えるもの多い
はしか予防接種、義務化が決定

日米漁業協定（漁業協定としては初）締結
環境アセスメントを考える会初会合
ロンドンで第3回サミット
領海法施行
（領海は海岸線より12海里）
入院保険、子ども保険発売
国民に中流意識高まる
日本赤軍がド・ゴール空港で
　日航機をハイジャック
福田改造内閣
ジミー・カーター
　米国大統領に

1978
昭和53年

嫌煙権の確立がめざされる
小・中学生の側湾症2・6％の児童が要注意
現代っ子ますますやせ型に
母乳育ちに湿疹や医者通いが少ないと
　厚生省
国際児童年事業の推進会議設置
日本児童手当協会発足
日本、世界の長寿国に　男72・69歳、
　女77・95歳
小児科学会、筋短縮症の原因を
　注射乱用と認める
子どもの病気様変わり、健康診査を見直し
少産化傾向強まる
少年非行戦後第3のピーク、
　指導力欠如の社会傾向を反映か
ベビーホテルブーム

人口のドーナツ化現象。
　地方へUターン
都内の主婦の
　3分の1は就職希望
日中平和友好条約調印
成田国際空港開港
大平内閣発足
ドミニカ共和国独立

の変質にまで配慮がたりません。子どもが失った三間の重要性に、学校も家庭も、近隣社会も気がつくのがあまりにも遅すぎたといえるでしょう。三間の喪失は子ども文化の破壊だったのです。

大人は少なからず、この子どもの生活の変質に気がつきはじめていました。しかしその根本的な原因究明にいたらぬまま、元凶はテレビ、ゲームにあるといった現象面に終始していました。しかしそのころ、子どもたちのあいだでは、登校拒否やいじめなどの病理が進行していたのです。

【註】

（3）仙田満『こどものあそび環境』２００９年
鹿島出版会

1979
昭和54年

子ども・健康

厚生大臣、母子保健法抜本的改正を支持
国際児童年スタート、
　記念児童福祉基金の創設決まる
大都市に都市児童館の設置決まる
母子手帳に記入しぶる医師、関心のない
　母親出現
現代っ子の家出増加
塾通いで遊び減少、
　68年比で塾通いは2・1倍
東京都に子ども１１０番開設
乳児死亡率10年連続で低下
はいはいを見直そう（朝日新聞）
刑法犯の少女は10年前の2・7倍
先天性代謝異常児急増の傾向
子どもたちに疲れたの声、体力劣る
ＷＨＯ天然痘ゼロ宣言
国際育児会議で母乳復活論が大勢
かぎっ子増加で学童クラブがいっぱいに
国際児童年日本大会開幕
幼児殺害頻発

社会

東京都の物価水準全国比の
　9・6％高
スリーマイル島の原発事故
東京サミット
総選挙で自民過半数割れ、
　第2次大平内閣誕生
世界初の女子マラソン（東京
　国際女子マラソン）開催
ソ連アフガニスタンに侵攻
イランのパーレビ国王
　エジプトに亡命
米中国交樹立
韓国朴大統領射殺

東京サミット

1979

時代へのまなざし

原 ひろ子

文化人類学から女性学へ

私が大学の文化人類学研究室に入ったとき、先生から「あなたは女子学生だから、マーガレット・ミードやルース・ベネディクトのように子育てのことを研究したら」とすすめられました。私の実家は子ども連れのお客さんが集まる家で、自然と子どもと遊んだり面倒をみたりすることが多く、子どもといっしょに遊ぶのも得意でしたので、その方面に進むことにしました。論文の研究調査地として長野県の開田村で4年間お世話になりました。開田村は御嶽山麓で最も標高が高く、当時は僻地でした。そこで、マーガレット・ミードらが行っていたような「子どもがどう育つか」という研究をしたわけです。

開田村の集落のひとつには60戸ほどの家があり、1戸に5～6人で住んでいて、子どもの数は赤ちゃんから小学6年までで合計100人ほどでした。私はサラリーマン家庭で育ち、「子育ては母親がするもの」と思っていましたが、そこの核家族は母親も貴重な労働力で、野良仕事だけでなく共同作業にもかかわり、子育ても父親といっしょでした。粉ミルクが普及していない時代で、搾ったお乳を戸外の涼しいところに置き、父親が与えたりもしていました。

その後、東京・小平にある小川新田が開発されて300年を記念した町史編纂事業プロジェクトに参画することになり、維新以降の行政史を担当することになりました。そこで、時代の流れのなかで新撰組や、民政派と政友会の角逐、農村からの移り変わり、そしてどのようにコミュニティーがつくられてゆくかを学びました。

その経験を通して、私は日本社会に関する研究に女性の視点が極めて少ないことに気づきました。また、子どもたちは親の暮らし方を見て、親類縁者や地縁に気をつかって暮らすことを学んで、生きてゆくしかないのか、それとももっと自己を主張して生きる社会があるのか知りたいと考え、カナダ北西部の狩猟採集民の調査を行いました。

そして東京オリンピックの年に帰国、農山漁村の女性問題をテーマとする仕事に携わり、それが女性学にコミットする契機になります。労働省婦人少年局には戦後からの膨大な資料があり、私の霞が関通いが始まりました。その資料を見て、あらためて日本の婦人労働の社会貢献の大きさに驚き、そして男女差別の現実に呆然となりました。開田村のようにぎりぎりの状況で暮らす人々は、かえって男女の差別意識は少なく、同じ農村でも古くから成立している共同体だと、古い差別意識を残しているようでした。開田村では、農業だけでなく林業でも母たちが頑張っていたのです。

その後、結婚し、私は連れ合いとインドネシアに行き、都市住民の貧困層について研究することになりました。今度は男女格差もさることながら、階級格差の問題が、社会や家庭に大きくのしかかっているように思いました。こうしてさまざまな国を見てきますと、日本の問題点やおかしなところを発見します。１９６０年以降の日本では、サラリーマン家庭がモデルの社会が構成され、農村部や職人の生き方が無視されているように感じます。

ここのところ注目されている男女共同参画社会を実現するには、あらゆる分野で男女がバランスをとれるようになることが必要でしょう。ヨーロッパでは70年代にかなり是正されましたが、日本もこれから真剣に取り組まなければいけないと思います。

時代へのまなざし

汐見稔幸

教育の原点を取り戻す

今、日本の子どもたちの自尊感情がすごく損なわれていますよね。理由はいろいろ考えられますが、ひとつに親自身の自尊感情がうまくはぐくまれていないということがあると思います。「私は人と違って、せっかちだし、おっちょこちょいだけど、そういう部分も含めて自分のことが好き」という心持ちが親自身にないと、子どもの個性的な部分についても「何してるのよ」と否定的になってしまうんです。つねに減点法で育って「何でこんなことできないんだ」と言われてきたことが、そのまま子どもに向かってしまう。悪循環が始まっているという気がします。つまり、この問題が難しいのはたぶん、日本の戦後史が自分たちを否定するところから始まっているということに遠い原因があるということですが、いずれにせよ子どもたちの自尊感情をはぐくんでいくためには、親自身の自尊感情を取り戻すことも課題となるのです。これは難題です。

自尊感情のはぐくみのためには「自分が本心でしたいと思っていることを自分でする」ということが基本になります。そのための戦略として、「子どもは本来、学校だけで育つわけではない」という原点に戻るということがあります。日本の教育は、高学歴であれば幸せになれるという学校信仰が強く、学校選びが教育の主たるものになるいう、教育の「学校化」が進行してきました。教育が市民や職業人の育成、そして人間的な豊かさを育てるということではなく、テストの点数を上げて「銘柄大学」に入れることが目的となってしまってきたわけです。

しかし、家で算数のプリントを解かせるなど、学校の論理を家に持ちこむだけでは、子どもの多面的なよさは見えない。一方で、昔のように家の仕事を手伝ったり、家のまわりで遊んだりして、からだや社会性を鍛えて自分で自分を培う機会もなくなってきています。つまり、現代は閉鎖的な家の中だけで豊かな人間性を育てなければならない状況にあるわけです。とはいえ家の中に閉じこめられてしまった子育てを、昔のように地域に戻すことは難しいでしょう。だから、昔あったような学校以外の地域や家庭を通じた学びを現代風になんとか再生していく必要があると考えています。

たとえば、家の仕事を子どもに手伝わせるところから始めて、いっしょに家庭菜園をしたりハイキングに行ったりする。子どもといっしょに仕事をすることや自然体験を楽しむなかで、「この子、意外にこういうことがうまいんだ」とか「こんなことに興味があるんだ」といった発見があってはじめて、子どものよさや適性が見えてくる。そういう親子の活動の場を、社会の中に多様につくっていくべきだと思います。

親子で飯ごう炊さんをしたあと、お父さんに子どものようすを聞くと、「うちの子は意外に頑張りやでした」と言います。それは広い意味での教育、人間形成なんですよね。テストも大事だけれど、学校も学校中心の、狭い意味での「教育」から脱皮しなければいけないところにきているんだと思います。子どもを人間として豊かに育てるなかで、親自身も「こうしたら人生をもっとエンジョイできるんじゃないか」と考えて、自分が今まで人生を楽しめなかったのは「もったいなかった」と気づいていかなければいけない。子どもといっしょの活動を楽しみながら、親自身も少しずつ自尊感情を身につけていってほしいと思っています。

1980

1980 〜 1989

子どもの受難　そして再生

1980年代は70年代にくらべて比較的に騒乱が少なく、先進諸国では、中東以外保守的な政策が進められた年代でした。アジアでは韓国、台湾などで民主化が進み、ＡＳＥＡＮ諸国に経済的成長が著しく、中国も改革開放政策により市場経済への移行が進みました。

しかし、日本ではようやく高度成長にかげりが見えはじめ、イランの原油値上げなども先行きに暗い影を落としはじめます。国民の意識も一億中流意識にかげりが生じ、中の上が減り、中の下がふえる傾向が見え、職業を続けたいとする女性が急増する状況でした。

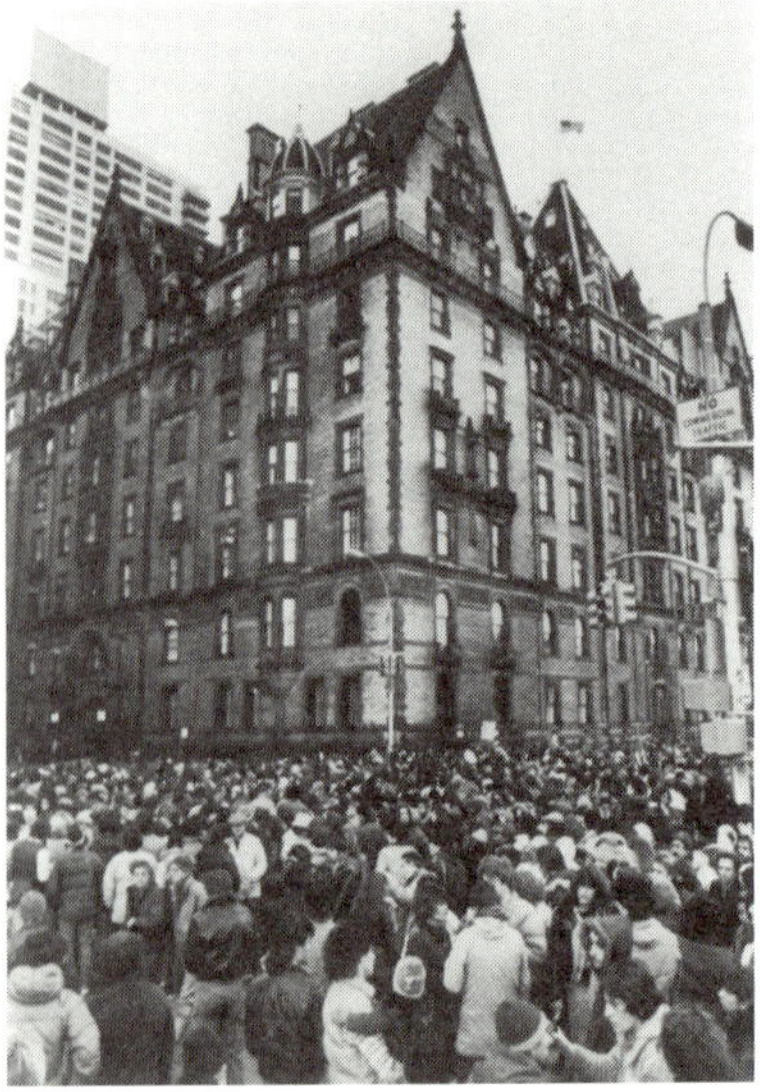

ジョン・レノン死亡に集まる市民

１９８６年、男女雇用機会均等法が施行されました。この法律は１９７２年に制定された「勤労婦人福祉法」を改定したもので、正式には「雇用分野における男女の均等な機会及び待遇の確保等女子労働者の福祉の増進に関する法律」といいます。職場での男女平等を確保し、女性が差別を受けずに仕事と家庭の両立ができるよう作られた法律です。

もともとの勤労婦人福祉法は１９７２年に成立しましたが、１９７９年国連第34回総会で採択された「女子差別撤廃条約」を批准するために、それに合わせて改正されたといういきさつがあります。そのため、定年や解雇については差別禁止がうたわれましたが、採用については努力規定にとどまり、差別禁止にはいたりませんでした。

この法律はその後、１９７７年、２００６年、２０１０年の改正を経て現在に至っています。

１９８０年、子どものための健康施策として33年ぶりに「離乳の基本」の改定がありました。また、ふえすぎるベビーホテルの現状にメスが入り、実態調査が行われた結果、94％のベビーホテルに窓や非常口がなく、すし詰め状態で営業されていることがわかり、厳しく取り締まられることになりました。保育園不足を嘆く母親の声は依然として高く、保育士に対して労災認定がなされるなど労働条件の改善も叫ばれていました

1980
昭和55年

子ども・健康

早まった初潮、12～13歳
スーパー大手ダイエーが学習塾チェーン展開
「離乳の基本」発表
有機リン洗剤、環境庁が追放を
幼児のテレビ視聴時間が問題化
母子健康手帳改定
子ども人口減少傾向、総人口比23・6％に
子どもの骨折10年で2倍に
超音波検査で胎児の性別99・8％的中
10代の妊娠中絶、史上最高
出生率低下は一時的、深刻な人口減なし
（人口問題審議会）
乳児の体格、やせ型と肥満の二極化
（乳幼児身体発育調査）
ベビーホテルの実態調査へ
流行病予測情報システムスタート
出生率史上最低1・37

社会

職業を続けたい女性急増
イラン原油25ドル値上げ
灯油価格史上最高
国家公務員週休2日制が実現
大平首相急死、
鈴木善幸内閣誕生
進む高齢化
自動車生産1000万台、
世界一に
イラン・イラク戦争勃発
レーガン、大統領選に勝利

イラン・イラク戦争

が、ベビーホテル対策もあって、東京都では延長保育の実施に踏み切ることになります。82年にはベビーホテルは激減しました。

　このころすでに、赤ちゃんの出生数の減少がささやかれるようになっていましたが、人口問題審議会では出生率低下は一時的なものとの見解を示していました。ちなみに1980年の子ども人口は総人口に比して23・6％であり、この年の出生率は史上最低となっていました。

　このような減少に対してふえたものもあります。たとえば10代の妊娠と中絶はどちらも史上最多でした。さらに少年犯罪もふえ、ようやく青少年問題に政府も重い腰を上げ、児童環境の調査に踏み切りました。

疾病に対する施策としては「流行予測情報システム」がスタートし、風疹・水痘・おたふくかぜ・伝染性紅斑・手足口病を指定感染症としました。また、WHOは天然痘絶滅宣言を行い、種痘の接種が終わりとなりました。

　1982年には、小児のむし歯に歯止めがかかったという報告がなされています。また、近視に関しても減少の報告があります。これらは小児保健の成果だといえるでしょう。

　子どもの健康被害として新しく登場したものには、酸性雨や、大気の二酸化窒素汚染があげられます。このように時代の変化にともなって新しい

1981 昭和56年

子ども・健康

お産直後の母の精神症状に異常多発
赤ちゃん固太りの傾向
高層住宅に住む幼児は遊びが下手
同性愛者からエイズ発見（アメリカ）
0歳児8年連続減少
代理母、子の引き取りで裁判に
中3女子拒食症で衰弱死
校内暴力、中学で77％も
開発途上国で1700万人幼児瀕死の状態（ユニセフ）
大都市の離婚、世帯数の3割に
二酸化窒素汚染で鼻炎など増加
感染症サーベランス事業始まる
ゴム乳首から発ガン物質検出
10代の妊娠中絶、史上最多
仕事を持つ主婦ますます増加

社会

国民の中流意識にかげり、中の上が減って中の下増加
鈴木改造内閣スタート
ミッテラン、仏大統領に
全斗換、韓国大統領に

江青ら４人組の裁判

中国共産党、文化大革命を完全否定
江青らに死刑判決
レーガン大統領就任
サダト、エジプト大統領暗殺

1982 昭和57年

子ども・健康

騒音公害で嘉手納基地に住民提訴
カネミ油症訴訟で業者の営利優先に警告、行政責任問わず
幼児のむし歯大幅減少
めがねっ子に歯止め
首都圏家庭、子ども部屋あり書斎なし
児童環境調査を行うことに決定（厚生省）
集団食中毒O-157見つかる（アメリカ）
ユニセフ『世界児童白書』貧困による乳幼児死亡は1日4万人と発表
東京都、夜10時までの保育をテスト実施、認可保育所の保育時間も延長

社会

鈴木善幸首相退陣
中曽根内閣発足
商業捕鯨全面禁止
大都市の離婚は世帯数の3割
老人、若者ともひとり暮らしが激増
ブレジネフソ連書記長死去、後任はアンドロポフ
西独首相シュミットからコールへ
フォークランド紛争勃発

病気が生まれたり、あるいはインフルエンザのように形を変えて流行する病気もあり、医療と病気はつねにいたちごっこをしていることが印象づけられました。

エイズ患者が見つかったのはアメリカでは1981年でしたが、85年には日本でも初のエイズ患者が生まれます。輸入血液製剤によるものでした。

三宅島の噴火

- 15歳未満の子ども人口が昭和30年33・4%から23・2%に減少
- 米飯給食が完全給食制の学校の94・5%に普及
- 養子制度が全面的に見直される
- 紙オムツの「ムーニー」が大ヒット

フォークランド紛争

1983 昭和58年

- 働く主婦が60%を超える
- 校内暴力発生率、中学14%高校11%（文部省）
- 高校中途退学者が11万人を突破（文部省）
- 厚生省が思春期の拒食症について初の実態調査
- 中学生の半数以上が専用の子ども部屋を所有（厚生省）
- 東北大で日本初の体外受精児が誕生
- 3～12歳の5人に1人が子どもだけで朝食をとっている（厚生省）
- 「アメンボ姿勢」と呼ばれる駅や街角でしゃがむ若者がふえる
- ミネラル・ウォーター、カロリーメイトが初登場
- 母子家庭で離婚母子数が死別母子数を上回る

- 中川一郎自殺
- 『おしん』放送開始
- 東京ディズニーランドオープン
- 戸塚ヨットスクール戸塚宏校長逮捕
- 任天堂ファミコン第1号を発表
- 大韓航空機撃墜さる
- 三宅島大噴火
- 中曽根第2次内閣スタート
- ロッキード事件第一審で田中元首相に実刑判決

田中元首相に実刑判決

また、高度成長期に入ってからは、心がもとになって起こる身体的疾患、心身症が大人社会に数多く見られ、治療研究の対象になりました。子どもにも、ストレスや緊張によって同様の症状が発現することがみとめられ、子どもも大人社会同様にストレスが関与する病気にかかることが確認されました。子どもがかかりやすい代表的な心身症としては、過敏性腸症候群、胃潰瘍、気管支ぜんそく、緊張性頭痛などがあります。

一方、親のあり方が問われ、「親業」という考え方がアメリカから輸入されてそのセミナーができるなど、母親向けの講習会が行われたり、育児も勉強勉強の時代になったかという感慨をもったことを記憶しています。乳幼児のテレビ視聴が0歳児でも平均1時間ということで問題になりました。今までなかった問題が続々出てくるのも時代の流れだったのでしょう。

70年代に、これからの第二次産業の社会を見据えてデザインされた学校制度は、80年代には早くも第三次産業型社会の到来で揺らぎはじめます。

工業社会の労働力を育成する目的で、当初、職業高校を中心に編成されていった高校でしたが、高度成長と技術革新の波が学校制度におよび、高校の進学率、大学の進学率が相対的に高まり、80年代では高校の進学率は90％、大学の進学率は

1984
昭和59年

おもちゃ美術館

子ども・健康

フリーズドライのベビーフードが発売
父母のどちらかが日本人なら日本国籍が認められるように
日本育英会、有利子奨学金を導入
子どもの難病に取り組む小児医療研究センターが東京に開設
養護施設や乳児院で「未婚の母」の子の入所が増加
15歳未満の子ども人口が過去最低に
東京都中野に「おもちゃ美術館」がオープン

社会

アップル、マッキントッシュを発表
グリコ・森永事件起こる
中曽根第2次改造内閣誕生
ロサンゼルス五輪開催
イギリス、リビアと国交断絶
インディラ・ガンジー首相暗殺
英国と中国のあいだで香港返還条約なる

40%となりました。親世代よりも高い学歴を与えないと出世できない時代になったと、誰もが考える時代になったといえるでしょう。ここにいたって、子どもの進みたい方向と親が望む方向の違いがはっきり分かれだしました。親の気持ちをくんで上級の学校をめざすことのできる子どもたちはそれでもよかったのかもしれません。しかし、学力がそこまで達しない子どもは、自分の進路に対して納得できるアドバイスを示してくれる人はありませんでした。ひと昔前であればひと握りのエリート以外は、誰でもが納得して進むことができ

●高校及び大学の進学率年次推移（1950〜2000年）

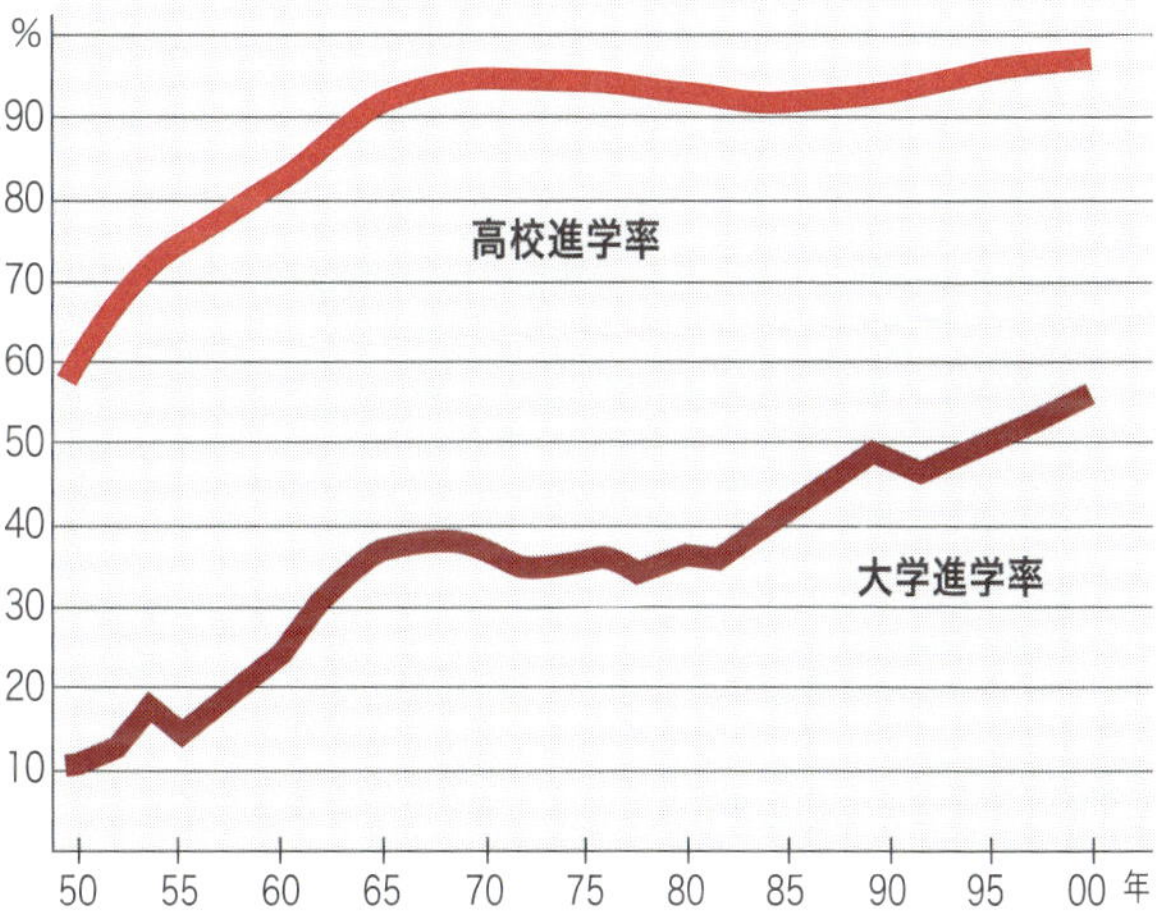

1985
昭和60年

つくば万博

日本初のエイズ患者を認定
岐阜県の高校で、
教師の体罰によって生徒死亡
学校内のいじめが問題となる
ファミコンが大ブーム
東京都田無市で男子職員に「育児時間」を認める全国初の条例が成立
家族そろっての夕食、毎日33％
週1〜2回30％
乳児の死亡率　出生1000人に対し
5・5人と世界最低値を記録

つくば万博開催
電電公社がNTT、
専売公社がJTに
豊田商事、
投資ジャーナル事件
日本の人口
1億2105万人に
国鉄民営化、正式決定
成田闘争激化
スーパー銭湯登場
ゴルバチョフ、ソ連書記長に

る進路が用意されていたものでした。しかしこの時代、彼らの進路を決めるものは、偏差値という人格をもたぬ裁定者だったといえるでしょう。

学校で校内暴力が起こりはじめたのは80年代のはじめといわれますが、実際には70年代の後半にはいわゆる「キレやすい子ども」が登場しています。彼らは学校で現場行動を起こす前に、学校化してしまった家庭や社会の不条理に対して絶望していて、その矛先が学校に向かうことになっていったと考えられるでしょう。

やがてその矛先は親に向けられて家庭内暴力に、さらにクラスの仲間に向けられて、いじめにと変化していきます。

１９８４年、大阪産業大学付属高校でいじめにあった子どもが、いじめた子どもに報復して殺人を犯す事件がありました。86年には東京・中野の中学校でいじめられた子どもが自殺する事件がありました。

これらの問題は、単純な構図だけでは説明しきれません。個々のケースには、それぞれさまざまな原因がからみあっていて、すべてを明快にわりきることは危険といえるでしょう。ただこの時代、若者の心には、事件になるならないということは別にして、この非人間的な境遇に鬱屈した思いがあったことは間違いありません。

1986 昭和61年

子ども・健康

男女雇用機会均等法施行
シートベルト原則義務化
東京都の中学生、いじめを苦に自殺
文部省「いじめ実態調査」を行う
15歳未満の子ども人口が前年比50万人減
小・中・高の教員46％が体罰を容認
（国立教育研究所）
学習塾に通う小学生は約１８０万人
中学生は約２７０万人
チョコのおまけの「ビックリマンシール」
集めが大流行
いじめや体罰の相談に応じる、
子どもの人権救済センターが開設
女子中・高生のあいだで丸文字が流行
東京都に初の認可夜間保育園
（しいの実保育園）ができる

社会

最後の江戸時代生まれ
泉重千代さん死去
第３次中曽根内閣スタート
新自由クラブ解散
土井たか子、
日本社会党委員長に
大島三原山噴火
スペイン、ポルトガルが
ECに加盟
チェルノブイリ原発
壊滅的事故

チェルノブイリ原発事故

1987 昭和62年

子ども・健康

輸入血液製剤でエイズ患者発生
登校拒否児が増加（文部省）
レトルトのベビーフード発売
子連れ出勤をめぐって
「アグネス論争」が起こる
首都圏の分譲住宅の応募倍率は
平均83・5倍（住宅・都市整備公団）
急激な社会変化で母子ともに不安な生活
『児童環境調査』（厚生省）

社会

国鉄、分社化して民営化
（ＪＲ7社など）
帝銀事件の平沢貞通
死刑囚獄死
地価上昇、東京で
年比１８５％アップ
外貨準備高、
西独抜いてトップへ
世界人口50億人を突破
石原裕次郎死去

しかし、学校化社会は子どもをさまざまな方面から傷めつけてはいましたが、そのなかで時代の変化を逆手にとって、若者ならではの発想を生かした活躍をする人々も少なからず出現してきました。

そしてそれは第三次産業の到来で子どもたちが巻きこまれたというよりも、ごく自然に子どもたちが消費経済で主役を務めるようになってきたことによると考えることができるでしょう。

子どもをターゲットとした商品群の出現は、60年代の半ばにはすでに始まっていました。菓子類、スナック類、その景品としてのおもちゃ類がその代表でしたが、はじめは選択は母親にまかされていました。しかし、しだいに選択権は子どもに移り、さらには衣類、スポーツ用品というように子ども用品でないものにも及びはじめ、購入に関する発言権は父親や母親の手を離れて、自動車のような大型商品にまで及ぶようになります。

このころから子どもたちのおこづかいやお年玉も増額され、その金はすぐ使おうが、貯めて考えていたものを買おうが、彼らの意思により決定されるようになります。

彼らはすでに消費社会の構成員でした。彼らが、大人世代を尻目にIT機器になじみ、コンピュータ・リテラシーを身につけていったのは当然の成り行きだったのでしょう。

未成年者の人工妊娠中絶数が過去最高と判明（厚生省）
新入学児童にかかる費用は平均約15万円
徳島健生病院小児科に「アトピー外来」がスタート
小学生の約2割が視力1・0未満
「フリーター」が若者のあいだで増加

首都圏280万世帯で大規模停電、1兆8000億の損害
世界宗教サミット比叡山で
竹下内閣誕生

1988
昭和63年

汚染血液製剤を投与された小・中学生4人がC型肝炎を発病していたことが判明
戸籍法改正で養子を実子として入籍できる特別養子制度スタート
大阪家庭養護促進協会に思春期妊娠危機センターが開設
小学校入学前に自分の名前が書ける子は95%
高校、大学の男子42%が毎朝「朝シャン」（資生堂）
子どもたちにローラースケートが流行
私立大の初年度納付金が「100万円」の時代に
キャッシュカードを持つ小学生が3割に
「DINKS」が流行語に
子ども人口（15歳以下）、総人口の2割を切る
「おたく族」と呼ばれる若者が増加

青函トンネル開通
瀬戸大橋開通
美空ひばり不死鳥コンサート
リクルート事件発覚
なだしお事件
竹下内閣改造
盧泰愚、韓国大統領就任
イラン・イラク戦争停戦
ソウル五輪
ジョージ・H・M・ブッシュ（父）大統領選に勝利
パレスチナ独立宣言

60年代前半に生まれた若者たちのなかには、このようにして消費社会の空気を吸い、自分の進路がおぼろげながら見えはじめてきたものもいました。そのなかには、近代を築き上げた枠組みを壊して、高度情報化時代に浮遊している記号や表象を駆使して表現する新人類と呼ばれる人々が生まれていましたが、彼らの背後には彼らに共感する若者たちが無数に存在しはじめていたのです。彼らの武器は、すでに１９７４年、アメリカで開発されたパーソナル・コンピュータであり、アマチュア無線やコンピュータゲームを通じて、若者や子どもにまず真っ先に浸透していきました。コンピュータを軸にした情報革命が若者に支持され、90年代に入ると中流家庭の教育熱をあおりながら、ＩＴ機器の販売合戦が続きます。

　テレビを通り越して、コンピュータが子どもの世界を席巻していったのです。

そしてこれらの若者たちは80～90年代のもうひとつの局面である情報化社会に向き合うことになります。彼らはバーチャルな世界やシミュレーションの世界に自ら入りこんでいった尖兵でしたが、そのめざす先は、もう工業製品を作り輸出することを超えて、マーケットやＩＴ、経営や心理学といった人間学的な方向にシフトされるようになっていったのです。

1989
昭和64年・平成元年

子ども・健康

こどもの権利条約、国連で採択
若い女性の5人に1人が骨粗しょう症の予備軍と判明（大阪大医学部）
乳幼児の花粉症患者が急増
若い女性の間にストレスから過呼吸や頭痛などを起こす過換気症候群が増加
全国ベビーシッター協会発足
父母共働きは52・1％（9月調査・厚生省）
「セクシャル・ハラスメント」が流行語大賞
厚生省、「思春期やせ症」の診断基準をまとめる
ミニ四駆ブーム

社会

昭和天皇崩御
平成元年がスタート
リクルート事件で江副元社長逮捕
任天堂ゲームボーイを発売
竹下内閣総辞職、宇野宗佑首相に
美空ひばり死去
宇野内閣歴史的大敗、海部内閣誕生
宮崎勤、幼女連続殺人を自供
オウムによる坂本弁護士一家殺害事件

ベルリンの壁崩壊
米ソ冷戦終結宣言
ルーマニア、チャウシエスク政権崩壊
天安門事件
ソ連、アフガニスタンから撤兵
脱社会主義のハンガリー共和国誕生

平成元年スタート

高度成長以前、家業や家の手伝いで社会とのつながりをもち、そこに自己形成の道を見出していた子どもたちは、学校化社会というつらい時代を経ながら、消費社会を形作る人というかたちで、社会への再リターンを果たした世代と考えることが可能です。さらに彼らは、IT、コミュニケーションによる新しい産業構造の構築にもひと役買ったという意味で、新人類という名称にふさわしい人々だと見て取ることができます。

しかし、彼らを待っていたのは明るい未来ではありませんでした。ジャパン・アズ・ナンバーワンという言葉の陰に、バブル崩壊というどんでん返しが待っていました。

ベルリンの壁崩壊

1989

時代へのまなざし

渡辺久子

子どもの精神科医として

「小児精神科医になりたい」と慶應の精神科の保崎先生に相談し、「子どもの精神科がこれからの日本に絶対必要」と言われ、幸運にも理解ある先生方に紹介していただき、小児科、精神科、神経内科それぞれ2年間訓練を受けました。当時精神科兼小児精神科医が小児科で診療することはなかなか許されず、あきらめてイギリスに留学。そして帰国後、あらためて小児科の松尾先生に懇請され、小児科医兼小児精神科医としてスタートしました。

慶應大学病院では、帰国子女や母子家庭や、きょうだいが拒食症といった、さまざまな生い立ちを経て医師になった若者がいい小児科医に育っているんです。彼らは、物的なものを離れ、生身の真心に立ち戻り、本音をひとりひとりよく響かせて診療をしています。子どもは例外なく、このような人間性豊かな先生になつきます。

一方、37年前に見てきたお母さんと今のお母さんを比較すると、本質は変わりませんが、今のお母さんは狭く追いつめられているように思います。素手で生きる体験がより少ないのでしょう。小さいときから人間の自然な姿を知らず、世間体や情報に操られ、きれいごとの育児のドツボにはまり、子どもをつぶしてしまうように思います。

たとえば、障害児が生まれたとき、多くのお母さんは「人生をつぶされた」と落ちこみます。そのような場合、私は「今の本音を全部吐き出し、何が残るかいっしょに考えてみよう」と言って、約1カ月間ほど集中して、お母さんの拒否感をぜんぶ聞いていきます。そして、「手のかかる子どもほど社会の子どもとして、私たちが育てましょう」と伝えます。すると「障害児を産んだ私を否定しない社会があり、私は私らしくやるしかない」と足が地につき、たくましくなられます。

障害児のほうがそのきょうだいよりも「自尊感情」をもつようになる場合も多く、かえって、健常なきょうだいは、障害児で苦労する親を心配してガマンしすぎでよい子を演じ、思春期のころから問題を抱える子が出てきます。だから、両方を隔てなく育てることが大切です。人間というものは、外から見た五体満足などとは関係なく、注がれた愛情が本物かどうかで心の中身が決まってしまう。戦後になくしたものがまさしくこの「自尊感情」だと思います。どうしたら若い者にそれが伝えられるのでしょうか。

今日本ですたれつつある家族の親密な関係や人情をいち早く失った欧米が猛反省して、フランス、スウエーデン、フィンランド等では家族を中心にする社会をつくり直しつつあります。家族が幸せでなければいい社会は生まれないという考えが徹底しているんです。ヨーロッパの学者たちのあいだで、土居健郎先生の『甘えの構造』が読みかえされています。

子どもの生き方を考えると、人は生まれたときから死ぬまでひとりであると同時に、胎児のようにずっと人に守られ支えられているのです。日本では父母のパートナーシップが形骸化し、それが子どもに伝わり、世代間連鎖を示しています。父母の仲を心配し不安になって、問題をもつ子がふえています。

私たち医師は、子どもの視点から何が見えるかを、お母さんお父さんに伝えます。私は、子どもたちが親を心配するのを見るにつけ、「今の子どもたちよ、生まれてきてくれてありがとう」と言いたいのです。

時代へのまなざし

羽室俊子

保健と保育を駆け抜けて

1959年に東大の衛生看護学科を卒業してから、愛育研究所で23年間、小児保健の勉強をさせていただきました。大学時代から発育や発達の資料を繰るたびに「愛育会」の名を目にし、小児保健を仕事にするなら愛育会かなと感じていました。

卒業式の2週間ほど前、主任教授の塚原國雄先生に連れられ、愛育病院院長の内藤寿七郎先生のところに面接に伺いました。おふたりのお話に耳を傾けているうち「いつから来られますか」と、就活はあっというまに終わり、愛育研究所に入ることになりました。

「臨床経験がないと保健指導も健康相談もできないので、まず哺育室と外来と新生児室を回り、その後保健指導部へ行きたい」などと生意気なことを言い、それが認められて1年間病院をまわることになりました。当時の病院はかなり厳しい労働条件で、今度は労働組合活動にも首を突っこむことになり、1年たっても研究所の保健指導部に行かず、ご迷惑をかけたりしました。

産婦人科部長の津野清男先生は「病院の新生児死亡率を下げるには産科がしっかり母体をケアしてくれないと…」と生意気を言っても、それを受け入れる懐の深さをおもちでした。保健指導部の仕事は乳幼児の「健康管理」と「健康相談」の実務と研究の2本立てでしたが、しだいに相談のほうがふえ、研究時間の捻出が大変で、だんだん相談日が週4日を超すようになりました。それでも競って研究を行い、小児保健学会に発表し、ある年には愛育関係で

10本以上の論文が出たこともありました。保健指導部では毎週、松島富之助部長を交えた情報交換を行い、ほかのセクションにも声をかけて共有し、職員は誰でもカルテ類を記録室で閲覧できました。

そんなことでいつのまにか23年たちましたが、愛育の組織変更もあり、以前から保育現場に携わりたいと考えていたことや厚生省からのお話も重なり、星の子保育園に行くことになりました。そのころ私たちのつくった「全国保育園保健師看護師連絡会」と園医の先生がつくった「保育園医協議会」が協力して「全国保育園保健協議会」を立ち上げ、それが17年を迎えます。

「全国保育園保健師看護師連絡会」では、保育園看護職として日常取り組んでいる仕事を、ドクターとは違う立場で調査・研究しています。看護職に専念できる人、保育士の仕事を兼務している人など立場はさまざまですが、大事なのは、現業で得た知見を普遍化することだと思っています。

また、看護職は保育園内では1人職種で、業務の専門的な内容を相談できる人は園内にはいませんので、看護職が集まる勉強会は大事な役割を担っています。私たち自身、適宜に保健職、看護職と言っていますが、私は、保育園の中で保健看護を専門家として行う者という意味で「看護職」と称するのがいいと思っています。保育園看護職には保健師、看護師、准看護師、少数ながら助産師もいます。これらの人々が自分たちの職種の専門性を高めながら、個人個人の力量を生涯研修してゆくことが大切ですし、それが保育の質を高めることにつながると思います。

保育園は看護職を常勤で配置すべきです。病気に無防備で、傷つきやすい乳幼児を健康に育てていくために、そして発育の遅れや肢体不自由のお子さんもケアするために必要な看護職が、保育園で3割にも満たない配置率だなんて…。「看護職必置」を、声を大にして叫びたいと思います。

1990

1990 ～ 1999

失われた10年

1９９５年、この年は終戦50年という記念すべき年でしたが、90年代はある意味では終戦以来の混迷の年代で、93年の皇太子ご成婚以外、あまり明るいニュースはありませんでした。

93年、北海道南西沖地震（奥尻島北方沖）は、マグニチュード7・8、推定震度6でした。日本海沖に発生した地震では最大規模であり、最大で６・８メートルの津波を伴い、震源に近い奥尻島では死者２３０名、行方不明者29名、被害額１２４３億円に上る大惨事でした。

次いで95年には阪神淡路大震災が起こり、死者は６４３４名、重傷者１万６３３８名、軽傷者

北海道南西沖地震

阪神淡路大震災

3万3109名、避難者30万名以上、住宅被害全半壊24万9180棟、火災全半焼7483棟、被害総額約10兆円におよぶ大災害となりました。

98年には自殺者は前年24400人から8000人にふえ、消費税が97年、8年ぶりに5%に値上げされました。

1986年から1991年にかかる約4年3カ月はバブル景気といわれます。不動産等への過大な投機により地価が異常に高騰し、その反動は1991年から約10年間にわたりバブル崩壊を招き――失われた10年と呼ばれます。1990年代は正にこの失われた10年に重なり合う、暗く長い10年でした。

バブルの原因は中曽根内閣がとった国内需要拡大のための法人税引き下げ、所得税最高税率の引き下げが、企業や富裕層の投機をあおり、株式や土地への投資に向かったことがきっかけとされています。投資熱はさらに一般市民にまで及び、さらに高級ブランドへの関心は異常な高まりを見せました。このような傾向はバブルの実勢的崩壊（90年末）以降にもおさまらず、実際に影響が始まった93年までは官民ともども一時的減衰だと楽観視していた面がありました。

しかし、1993年ころには企業業績悪化によ

1990
平成2年

今上天皇即位式

子ども・健康
子どもの権利条約が発効
第1回子どもサミットが開かれる
合計特殊出生率1.57
子どもの身長が伸び、小・中・高校の机と椅子の規格見直し（文部省）
第1回大学入試センター試験が行われる
大阪の児童虐待防止協会が「子どもの虐待ホットライン」を開設
女子高生にルーズソックスが大流行
感染症O-157で2人の園児が死亡
「小児成人病が増加」と保険医団体連合会が警告
思春期の少女のあいだで拒食・過食などが増加
小学校に生活科が新設
少子化につれ、幼稚園どうしの競争が激化

社会
東証大発会で株価暴落、バブル崩壊の幕開け
第2次海部内閣
小・中学校で日の丸・君が代義務化される
礼宮と川嶋紀子さん結婚
今上天皇即位
ラトビア、リトアニア、エストニア独立宣言
初のソ連大統領にゴルバチョフ就任
ポーランド人虐殺（カティンの森）事件でソ連正式謝罪
ルーマニアで新体制による初の大統領・国会議員選挙
イラク、クウェートに侵攻
ドイツ再統一

る就職氷河期が到来し、さらに拓銀、日債銀、山一證券など大型の金融機関、さらには住宅金融専門会社が破綻するにいたって事態は深刻化します。金融機関の貸し剥がし・貸し渋りにより倒産に追いこまれる企業が続出しました。

この間、海部内閣から宮沢内閣、そして非自民・非共産の細川内閣、自民・社会・さきがけの村山内閣、橋本内閣と不安定な内閣運営が続き、1998年に至って自民・自由両党連立による小渕内閣が生まれる状況で、打つ手打つ手が誤算となり、多大の経済的損失を招きました。

バブル崩壊からの回復は2003年に至ってようやく達成されますが、その後遺症として非正規社員の雇用や企業の年齢階層にいびつを生じるなど、2000年代に残された問題も少なくありませんでした。

世紀末的現象とでもいいましょうか、日本国内では1990年に奇妙な選挙活動で世に知られるようになったオウム真理教事件が90年代の前半に生じます。選挙に敗退したのち、熊本県で拠点を設けようとして住民とトラブルになり、その後、破壊性を強め、94年松本サリン事件、95年地下鉄サリン事件、警察庁長官襲撃事件を起こし、山梨県上九一色村本部の強制捜査によって教祖麻原彰晃（松本智津夫）が逮捕され、事件の大略が解明されていきました。

1991 平成3年

子ども・健康

東京都に子どもの虐待防止センターが開設
育児休業法成立
厚生省、企業委託型保育サービスを認可
「子どもの権利条約ネットワーク」が結成される
小学生のお年玉、1人平均約2万4000円で3年連続ダウン
子どものいる家庭の割合が初めて4割を切る
子ども向け料理番組『ひとりでできるもん』が人気に
6歳の子が書いた絵本『天才えりちゃん金魚を食べた』がベストセラーに
子どもの投力・跳力が落ちていることが判明（文部省）
子ども向け電子手帳が大ヒット
若者のぜんそくによる死亡が増加
子どもたちの魚嫌いが進む
小・中学校の登校拒否が過去最多の4万8000人に
学校の保健室が「駆け込み寺」（文部省）
全国で幼児の誘拐事件が増加

社会

金泳三、大統領に当選
韓国、中国と国交樹立

1992 平成4年

子ども・健康

育児休業法の実施にともない、保育所の入所基準が緩和される
学校5日制始まる
高年齢出産が「30歳〜」から「35歳〜」に
国民生活白書に「少子化」という言葉が登場
厚生省、ベビーシッターなど児童関連サービス実施調査を公表
小・中・高校など学校の健康診断で糖尿病検査が義務化される
乳幼児突然死症候群（SIDS）が1歳未満の死亡原因第1位と判明
1人で朝食を食べる子どもは23・1％

地球環境サミット

大人社会では、企業の勤務体制がおおむね1980年代のはじめころから、週休5日制をとり入れるようになっていましたが、その企業の利用者のニーズもあり、必ずしも5日制への移行は一様ではありませんでした。それでも金融機関の窓口サービスも89年から5日制に踏み切り、92年には国家公務員も完全週休2日制を実施することになりました。

95年には介護休業法、製造物責任法などが成立しています。

国外に目を向けると、湾岸戦争の勃発が90年代はじめの大事件です。

1990年8月イラクはクウェートに侵攻し、国際連合からの有志国による多国籍軍が、空爆により反撃をしたことから始まり、翌91年3月イラクは敗退を認めることにより、停戦協定が結ばれ、戦闘は終結されました。

しかしアメリカがイラクにつきつけた問題はハードルが高く、査察問題など2000年代までイラク戦争の火種はくすぶったままでした。

また90年の北欧3国の独立を機に、91年にはソ連が崩壊し、新たにロシア共和国が誕生し、長く続いてきた冷戦構造に、マルタ島での米ソ首脳会談で終止符が打たれました。南アではネルソン・マンデラが大統領となりました。

女子大生に「やせ志向」が増加、離乳食もダイエット食として人気に
登校拒否の低年齢化、小学生の登校拒否が5年毎に1000人増加（文部省）
世界初のパンツ型紙オムツ「ムーニーマン」登場
「UFOキャッチャー」が若者にブームに

佐川急便事件、前社長逮捕
育児休業法成立
日本新党結成
国家公務員週休2日制スタート
地球環境サミット開催
大蔵省、銀行の不良債権が12兆3000億円と発表
宮沢内閣改造

1993 平成5年

東京都、深夜保育など子育て支援策を決める
全国保健団体協議会らが「保育・子育て110番」を実施
文部省「問題行動白書」を発表、登校拒否の過去最多記録更新
120人以上がテレビゲームで、てんかんの発作を起こしていたことが判明
日本女性の母乳含有ダイオキシンが欧米基準の10～200倍に達することが判明
文部省、エイズ教材を全国の中学校に配布
算数の教科書に電卓が登場
高校進学率が過去最高の96・2％
子ども向け化粧品が大ヒット
外国人の小・中学生が1万人を突破
女子高生のあいだにポケベルが流行
いじめ件数が再び増加傾向、校内暴力も最多を更新

金丸信、佐川事件で逮捕
天皇皇后両陛下、初の沖縄訪問
皇太子小和田雅子さんご成婚
東京サミット開催
参院選で自民・社会敗北、8党派による細川政権誕生
エリツィン訪日
田中角栄死去
チェコ・スロバキア分離独立
米英仏軍がイラクミサイル基地を空爆
ビル・クリントン、米大統領に当選
世界貿易センタービル爆破
江沢民、中国国家主席に

天皇皇后両陛下、初の沖縄訪問

このような政治だねの陰に隠れるように、親子を取り巻く大切な問題は2つありました。ひとつはエンゼルプラン、もうひとつはゆとり教育です。

エンゼルプランは、少子化を初めて本格的にとり上げたものとして期待されました。

わが国の少子化傾向は戦後まもなく急落したものの、その後60年から73年の高度成長時代には合計特殊出生率は2・13前後で安定していました。しかしオイルショック以後第2次ベビーブームがおさまったころには出生率は1点台に下がり、89年の人口動態調査では1・57となりました。

この結果、ある調査では2000年の予測値は、年間出生110万台になるとされ、将来の人口構成に破滅的な警告を発しています。

厚生省はこの事態に対しかなり楽観的で、ようやく国民生活白書で少子化をとり上げたのは

ルーズソックスの流行

1994 平成6年

子ども・健康

厚生省、駅型保育所4カ所を設置
労働省、ファミリーサポートセンター事業開始
「子どもの権利条約」の批准を国会承認
予防接種法改正、義務から推奨に
今後の子育て支援のための施策の基本的方向「エンゼルプラン」策定
東京都に「こども家庭部」設置、全国の自治体でも同様の部署設置が相次ぐ
厚生省、児童虐待防止のための専門職員を設置
家庭科がすべての高校で男女必修となる
少子化が進み、小児科・産婦人科の医師が減少

社会

小選挙区比例代表制を軸に選挙法改正案可決
細川首相辞意表明
新生党・公明党・社会党3党連立で羽田内閣誕生
松本サリン事件
自民・社会・さきがけで村山内閣誕生
いじめ自殺連鎖的に起こり、社会問題に

金日成死去
ロシア軍、東ドイツバルト3国から撤退
パラオ独立

松本サリン事件

1995 平成7年

子ども・健康

保育時間延長が進む（厚生省）
育児・介護休業法
幼児の約40%がアレルギー疾患（厚生省）
中・高生のあいだで、ラムネなどレトロ菓子ブーム
小・中学校の空き教室は約5万2000
若者のあいだに「ら抜き」言葉が定着していることが判明（文化庁）
「プリクラ」が登場
全国の小学校に一輪車が普及
いじめ件数過去最多の6万件（文部省）
加工食品の賞味期限表示が義務づけられる

社会

阪神淡路大震災
地下鉄サリン事件
警察庁長官狙撃事件
麻原彰晃逮捕
村山改造内閣
コメ自由化

1992年のことでした。

こうした事情を踏まえ、政府は文部・厚生・労働・建設の4大臣合意のもとに「今後の子育て支援のための施策の基本的方向について」という計画を打ち出しました。これがエンゼルプランです。エンゼルプランは国、地方公共団体、企業、地域社会が全体で子育てを推進しようとするもので、10年間で取り組む基本方向と重点施策を盛りこんだものでした。具体的内容としては、保育所の量的拡大、低年齢児保育、延長保育、その他多様な保育サービスの充実、支援センターの整備を図るために「緊急保育対策等5ヵ年事業」が策定されたのです。

このプランの基本的な視点には、次の3点が掲げられていました。

① 子どもを持ちたい人が安心して産み育てることのできる環境の整備

② 家庭での子育てが基本、しかし家庭の育児を支えるためにあらゆる社会の構成メンバーが協力するシステムの構築

③ 子育て支援施策は子どもの利益が最大限尊重されるよう配慮する

そしてさらに1999年、新エンゼルプランが大蔵・文部・厚生・労働・建設・自治の6大臣の合意で策定されました。その内容として、

① 保育サービス等子育て支援サービスの充実

連行される麻原彰晃

オーストリア・フィンランド・スウェーデン、EUに加盟
仏大統領にシラク
ザイールでエボラ出血熱発見さる

1996
平成8年

東京に「子ども事故予防センター」がオープン
登校拒否の小・中学生が過去最高を更新、平成3年度の3倍に
携帯ゲーム「たまごっち」が爆発的人気
首都圏で「おやじ狩り」が横行
いじめを受けたことがある小学生は4割超（法務省）
若い女性のあいだで、栄養補助食品が人気に
少女たちに「コスプレ」が流行
「コギャル」が注目を集める
ルーズソックスブーム
認可保育園は約2万2500
無認可保育園は約9300カ所

村山首相退陣表明、橋本内閣誕生
菅厚生相、薬害エイズ事件で被害者らに謝罪
エリツィン再選
母体保護法施行
感染症O-157多発、発生件数87件
携帯電話の契約者急増
チェチェン紛争休戦
ビル・クリントン再選
イギリスで狂牛病広まる

コスプレの流行

狂牛病で隔離される牛

② 仕事と子育ての両立のための雇用環境の整備
③ 働き方についての固定的な性別役割分業や職場優先の企業風土の是正
④ 母子保健医療体制の整備・国立成育医療センター、周産期医療ネットワークの整備等
⑤ 地域で子どもを育てる教育環境の整備
⑥ 子どもたちがのびのび育つ教育環境の実現
⑦ 教育に伴う経済的負担の軽減
⑧ 住まいづくりや町づくりによる子育ての支援

があげられています。

新エンゼルプランは、99年12月に発表されましたが、幅広い内容をもつものの、進捗状態にはばらつきが生ずるものと見られ、実際には2000年代に入ってから、さまざまなプランが次々に出されることになり、課題は2000年代に持ち越されることになりました。

ゆとり教育が論議されるようになったきっかけは1975年に日教組から提案された、教科課目の精査、内容の見直し、そして従来の詰めこみ教育の是正などが始まりでした。そしてこの提案がその後さまざまな経緯を経て、90年、新学力観による教育という考えが導入され、小学校の1、2年の社会科・理科の廃止、生活科の新設につながってゆきました。また第2土曜日が休校されることになり、続く95年には第4土曜日も休校となります。

1997 平成9年

子ども・健康

児童福祉法改正
都内の小学生、お年玉で買ったものの1位はテレビゲーム（第一勧銀）
文部省、小・中学校の通学区制の緩和促進を通達
1カ月に1冊も本を読まない高校生70%、中学生55%（毎日新聞）
女子高生を中心に携帯電話が普及
O-157事件をきっかけに、抗菌グッズが流行
東京都、少子化で都立高校30校の削減を決定
フリーターが151万人、5年間で50万人ふえる
小学校の総合学習の時間で英語教育
酒鬼薔薇事件（児童殺人）

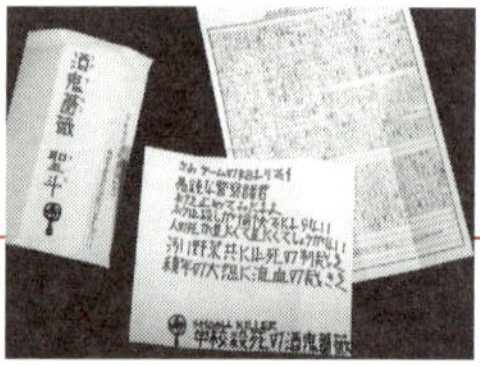
酒鬼薔薇事件

社会

世界初クローン羊生まれる
香港、中国に返還
ヤオハン倒産
臓器移植法
三洋証券・山一證券・北海道拓殖銀行倒産
地球温暖化防止京都会議、議定書まとまる
介護保険法施行
鄧小平死去
英労働党勝利、トニー・ブレア首相に
マザー・テレサ死去

1998 平成10年

子ども・健康

『厚生白書』で少子化がとり上げられる
厚生省、SIDS防止キャンペーンであお向け寝を推奨
児童福祉法が改正され、保母も保父も「保育士」に
東京都の80%を超える家庭で、家族にアレルギー症状
いじめや不登校が原因で子どもの心因性難聴が増加（日本耳鼻咽喉科学会）
文部省、約2000校の公立中学校に「心の教室」設置を決める

社会

長野冬季五輪開幕
民政党・新党友愛・民主改革連合が民主党に合流
社民党、自民党への閣外協力解消
小渕内閣誕生
和歌山毒入りカレー事件
NPO法人活動促進法施行

そして、20世紀も終末に近くなった1998年、ようやくさらなる学習指導要領の改訂によってその全貌が明らかになります。その柱となったのは、総合学習時間の新設と絶対評価の導入でした。しかし、この問題については2000年代に入ってさまざまな意見がとりかわされるようになります。

その他の子どもの問題としては、90年代の前半では、少年によるオヤジ狩り、中・高生少女による売春（援助交際）が多発したことがあげられます。たまごっちがブームになったのは96年であり、そのころ少年少女を対象にした漫画雑誌がブームとなり、『少年ジャンプ』が650万部、『りぼん』が250万部と、それぞれ月間売り上げトップに輝きました。

1998年　長野オリンピック開催

ぜんそく症状のある子どもが前年より約6万4000人増加（文部省）
体外受精で生まれる子どもの数が初めて1万人を超える
保育園児の約13％が食品アレルギー（厚生省）
小・中学校不登校児童、過去最多の12万8000人
「だんご三兄弟」がヒット

金大中、韓国大統領に
比スハルト大統領辞任、ハビビ副大統領が昇格
クリントン、中国訪問
金大中、日本を訪問
朱耀基、中国首相に
米英仏、イラクを空爆
独社民党、シュレーダー政権発足

1999
平成11年

厚生省「育児をしない男を、父とは呼ばない」が話題に
「少子化対策推進基本方針」＝新エンゼルプラン策定
男女共同参画社会基本法
保育所待機児童4万人
保育所認可の規制緩和決定
都内の中3女子の平均体重が50kgを割る（ダイエットのしすぎ）
幼稚園児と小学生のアタマジラミ、毎年増加
神奈川県に学習障害児を対象にした小・中一貫校が開設
文部省が「学級崩壊」の初調査
児童書『ハリーポッター』がベストセラーに

日銀0金利政策
石原慎太郎が東京都知事に
EU17カ国がユーロを通貨として導入
ポルトガル、マカオを中国に返還
エリツィン辞任

石原慎太郎東京都知事誕生

1999

時代へのまなざし

大日向雅美

「あい・ぽーと」から見えてきたこと

私の研究のスタートは、1970年当初の〝コインロッカーベビー事件〟のころ。母親の「育児不安」「育児ストレス」について研究を始めました。全国をまわり、育児に悩むお母さんたちの声を聞いたことが「母性愛神話からの解放論」という主張につながりました。当時、「母親の子育て」について〝母性愛神話〟という名前をつけ〝解放論〟を唱えることは、かなりラディカルでしたので、さまざまな誤解やバッシングを受け、とてもつらかったですね。なぜ闘いつづけられたかといえば、それは私ひとりの個人的な見解ではなく、調査で聞き取った「何千人ものお母さんたちの声」があったからです。90年代に入り「少子化」「虐待相談処理件数の急増」という現象が明らかとなったことが契機となって、20年近く続いた「バッシングの嵐」はやみました。むしろ、私が訴えてきた「母親ひとりでの育児は限界だ」という主張が、受け入れられるようになったと思います。

ところがそのとき、もうひとつの大きな壁が私の前に立ちはだかりました。それは同年代の女性研究者からの言葉でした。「ずっとあなたの〝母性愛神話からの解放論〟を応援し、共感してきた。だけど、この先あなたは何を見据えて〝解放〟を主張しているのですか?」と。加えて「人は、つねに神話を求める存在であり、神話は生きる道標。かつての神話だった〝母性愛神話〟をくずし、それに変わる神話や心のよりどころとなる道標を、あなたはどのように見ているのですか?」と質問されたのです。これは私にとって、バッシング以上に厳しい〝応援歌〟であり、〝重い宿題〟でした。

お母さんひとりの育児は限界であることは明らかで、その先に求めるべきものは「地域、社会、みんなで子どもの育ちを見守り、親の子育てを支える」という理念です。でも、それを現実化することはとても大きな「次の壁」でした。「地域、社会、みんなで子どもを見守り、支え、親を守る」とはどのようなことなのか、どうしたら実現できるのかを考えつづけた90年代でした。

紆余曲折を経て、２００３年に与えられたのが東京・港区の子育てひろば「あい・ぽーと」です。ここは私の「母性愛神話からの解放論」を実践し、研究者としての悲願を達成する場です。いざ現場に立ってみると、日々、反省と戸惑いの連続。「私は母親のことも、支援のこともわかっている」と思っていたことが、何と傲慢だったかと。ただ、「母性愛神話からの解放論」のときは、孤独な闘いでしたが、ここは志を共有するたくさんのスタッフといつもいっしょです。ひとりのときの何倍ものエネルギーやプロセスが必要ですが、そこから得られる「喜び」や「成果」は、その何倍も何十倍もあります。「あい・ぽーと」は今の私の心の支えです。外でどんなにつらいことやいやなことがあっても、ここに来るとホッとして、元気になれます。

「地域、社会のみんなで子どもを見守り、子育てを支えよう」というと、よく「親の第一義的責任を疎かにし、親を甘やかす」という反論があります。私は「親が心から子育てを楽しみ、子どもを愛することができるために、社会が見守り、支える」ことが必要だと考えています。

一見、とても明るく支援は不要と思えるようなお母さんでも、お話を聞くと、心の中にはさまざまな悩みや苦しみを抱えておられます。親の心に寄り添っていくのは簡単ではありませんが、スタッフといっしょの試行錯誤は喜びの方が大きいですね。「あい・ぽーと」で子育て支援に携わらせていただくのは〝天からのプレゼント〟、今、あらためてそんな思いがしています。

時代へのまなざし

小西行郎

負荷こそが子どもを伸ばす

「基礎の医学と臨床医学が出会う場をつくりたい」というのが、赤ちゃん学会を始めたきっかけでした。オランダ、フローニンゲン大学のプレヒテル教授から教えられた発達神経学がその基となり、前川喜平先生、小林登先生を口説き、研究会を作りました。私にとっていちばん大きな出来事は、東京大学大学院で発達脳科学を研究されている多賀厳太郎先生との出会いでした。

物理学の手法が赤ちゃんの分野に生かされたとき「物理学とは物の理を追究する学問なのか、だから赤ちゃん研究もありなのか」とはっとしました。研究会が赤ちゃん学会となって以来、理論物理やロボットの先生と発達について討論し、「ここまでつきつめて考えていくのか、これでは私はこの人たちに勝てないや」と思いました。

赤ちゃん学会の会員で学問的なレベルがいちばん低いのは小児科学者かもしれません。臨床という名のもとに、小児科医は発達のメカニズムについて解明することを怠ってきたように思います。発達について何ひとつわかっていないのに、育児書にはわかったものとして書かれている。「子どもの心がわかる」などとよく言えるなと思います。私には「子どもの心」がすべてわかるとは言えません。

ところで私は臨床医として発達障害の子どもの療育をしていて、子どもを見ずに〝チェックリスト〟に頼るような考え方がいやで、保育園や学校といった現場に行って子どもを見ています。

保育園では、ぼーっとしている子を後ろからパチンとたたいて逃げます。びっくりするものの、自分に興味をもってくれているとわかると、子どもはすごく喜びます。また、子どもがブランコから落ちたとき、どうしようかと思って「もう1回やってみな、手を離したから落ちたんだよ」と言ったら、その子が「もう1回やる」と言ったんです。「あ、これだ」と思いました。それで、やってみたらできた。「やった！　今度はうまくいったね」「ちゃんと持てばいいんだね」となるわけです。子どもへの声かけは、おじいちゃん、おばあちゃんがあたりまえにやっていたことですが、それがなくなってきた。子どもの能力は恐らく、困ったときにこそいちばん出てくると思います。ほめさえすれば子どもは伸びると思っているのは、ある意味で子ども蔑視。それでは危機管理ができない、弱い子どもになってしまいます。ケガをさせてもいいじゃないですか、自分が悪いんですから。そのときになぐさめてあげればいい。そういう子どもの能力をきちんと見るためには、対等な立場に立つ必要があるんです。

育児はつねに子どもとの競争。「うそをついたらだめ」ではなく、うそをつかれたらこちらはつき返せばいい。それに対して「受け入れなさい」「理解しなさい」とばかり言うから、育児がしんどくなるわけです。

ある意味で、発達障害は戦後のゆがみを象徴しています。病気でない人を病気にしているんですね。お母さん方は、少しでもおかしかったら全部治さなければと思いがちです。それに対して医師は「おかしいけれどそれは普通」と言ってあげることが大事。「健常」と「非健常」をキッパリ分けるのではなく、「正常観」を変えていく必要があると思います。

「悪いところもいいところもある。それでも好きだ」という気持ちで、お互いに欠点を見つけることが愛情につながっていくのではないかと思います。

2000〜

2000 〜 そしてこれから

21世紀はどうなる

90年代のぎりぎり最後にまとまった新エンゼルプランでしたが、2001年に「仕事と子育ての両立支援等の方針（待機児童ゼロ作戦等）」が閣議決定され、02年には厚生労働省がまとめて「少子化対策プラスワン」を発表します。

この少子化対策プラスワンは、

① 男性を含めた働き方の見直し、多様な働き方の実現

② 育児休業取得率（男性10％、女性80％）をめざすほか、小学就学までの勤務時間短縮措置の普及（25％）

③ 保育サービスの充実

進化するコスプレ

を柱とし、地域子育て支援サービス促進とネットワークづくり、子育てを支援する生活環境の整備、社会保障からの次世代支援、子どもの教育に伴う経済的負担の軽減を打ち出しています。さらにこれから次世代の親になる中・高生への支援、若年者の職業訓練、子どもの健康と安全安心の確保をめざし、国、地域、企業へそれぞれの行動計画策定を促しています。

さらに2003年「少子化社会対策基本法」、そして「次世代育成支援対策推進法」が公布され、2005年に成立、施行されました。これは2015年までの時限立法で、社会における子育ての支えあい、連帯、不安障害の除去、自立への希望と力、生命の尊さをうたっています。

特に、従業員を使用する職場（301人以上、11年からは101人以上）には、法の精神に基づく行動計画の策定と実施を求めています。

また社会が協働するという見地から、NPOや大学等にも連携協力を促すことになりました。

一方、「ゆとり教育」については発足当初から学力低下が不安視され、特に受験を控えた親たちからは不満が寄せられたり、教職員が一般会社の従業員並みに週休5日となることに保守層から疑問が投げかけられたりしました。

またさらにOECD（経済協力開発機構）が2000年から実施したPISA（学習到達度調

2000
平成12年

子ども・健康

6歳未満の幼児への
チャイルドシートの着用が義務化
乳幼児の食物アレルギーのうち大豆が
減り、小麦やソバ、エビが上位に（厚生省）
東京都の公立小学校の6校に1校は
学級崩壊
不登校の小・中学生が初めて13万人を突破
全国約1万の公立中学に
スクールカウンセラー配置
児童虐待防止法施行
全国の無認可保育施設は約9400ヵ所、
通う児童は約22万2000人（厚生省）
男性用ベビーキャリー発売
少子化により、私立大学の約3割、
短大の約6割で定員割れ
子ども向けの栄養ドリンクが登場
金属バット母親殺害事件
他県でも少年による家族殺害事件相次ぐ
教育改革国民会議
「教育を変える17の提案」最終報告
少年法改正案成立

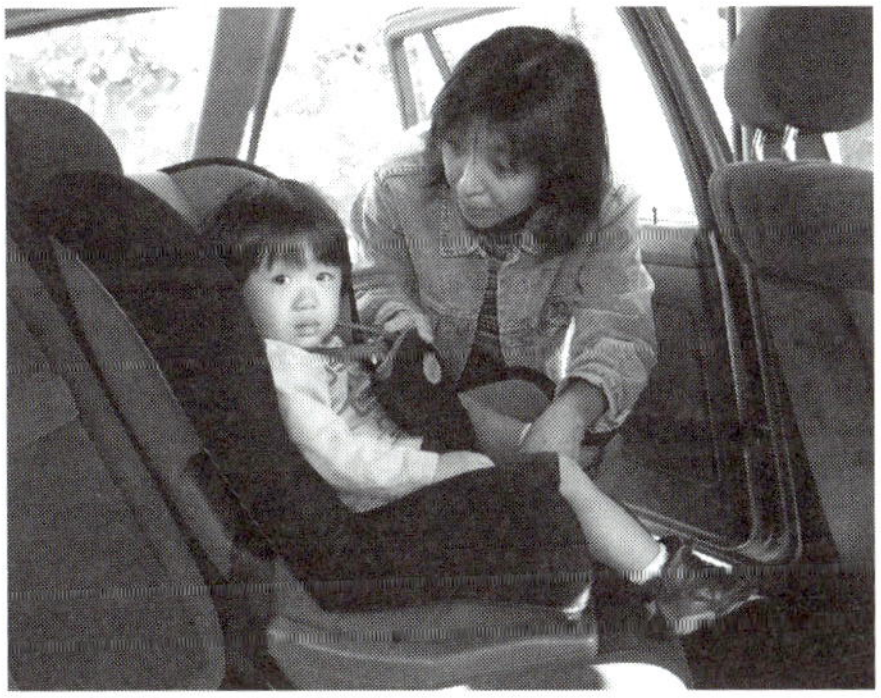
チャイルドシート着用義務化

社会

新潟少女監禁（9年間）事件
発覚
第1回教育改革国民会議、
小渕首相の提唱で
地方分権一括法・民事再生法
・介護保険制度施行
小渕首相死去、森内閣誕生
ストーカー規制法スタート
香淳皇后97歳で崩御
シドニー五輪開催
プーチン、ロシア大統領に

査）という国際調査で、2000年度の国別順位に比較して、2003年度が低下していると認められたことから、再び火がつきました。安倍内閣時代には、学力低下を重視するとともに、6・3・3・4制の見直しや、徳育の新設、男女共学廃止（小学校など）を含む教育再生会議を立ち上げ、学校の週5日制にも見直しを図りました。

自民党をはじめ有識者のあいだにも、さすがにこの改正には疑問を投げかける声が高く、1年後安倍首相辞任にともない、この考えは立ち消えになった感があります。

現在ではPISA調査について、学力低下したとも上昇したともいえない評価が下されていますが、いずれにしても時間的推移から考えれば、ゆとり教育と結びつけるのは合理的ではないといわざるをえないでしょう。

しかしこの年代を語るうえで、アメリカ大統領ジョージ・ブッシュと日本の首相小泉純一郎についてふれないわけにはいきません。両者ともこの年代の世界の低迷に深くからんだ存在であるからです。

ジョージ・ブッシュは、2001年〜2009年2期にわたって第43代アメリカ大統領職につきましたが、任期9カ月目にニューヨークとワシントンが同時多発テロに見舞われ、そのときの対応が迅速であったために驚異的な支持を集めました。

	子ども・健康	社会
2001 平成13年	厚生労働省、文部科学省など発足 児童福祉法の改正、無認可保育所の届出制の義務化 保育所待機児童ゼロ作戦 総務庁の統計で、15歳未満の子どもの数が20年連続で減少、世界最低水準に 厚生労働省、「ひきこもり」の相談件数を全国初調査 児童虐待発生が推計で年間3万件（厚労省） 厚労省の調査で、約6割の世帯が子育てに悩み、10年前比で10%増 子ども人口比が老人人口を初めて下回ったことが判明（総務省） 狂牛病問題で、1万余の小・中学校が学校給食での牛肉使用を自粛 走る・跳ぶ・投げるなど、青少年の基本運動能力の低下続く 合計特殊出生率が過去最低の1・33	小泉内閣誕生 小学生無差別殺傷事件（大阪教育大学附属池田小） 小泉首相靖国参拝で中国・韓国激しく抗議 ジョージ・W・ブッシュ、僅差でゴアを破り大統領に 米国で同時多発テロ 米国、アフガニスタンに侵攻開始 アルゼンチン、対外債務一時支払い停止を宣言
2002 平成14年	『国民生活白書』不十分な保育基盤と長い労働時間が問題に 少年の不良行為を見かけて放置すると答えた大人が3人に2人（内閣府） 完全学校5日制と新小・中学校学習指導要領スタート 『キレる』子どもの生育歴に関する研究を発表（文科省） 子どもの割合は60年代の半分、過去最低を更新（総務省）	雪印乳業牛肉偽装事件で摘発 DV（家庭内暴力）防止法施行 排ガス規制強化でトヨタ・日産・マツダで生産販売中止の車種続出 小泉首相北朝鮮訪問、北朝鮮が拉致を公式に認める 北朝鮮から拉致家族5人帰国

同時多発テロ（アメリカ）

国民ばかりか世界各国から支持を受けたブッシュは、10月にはテロの首謀者とみられるオサマ・ビンラディンをかくまったアフガニスタンを攻撃、12月にはタリバン政権を倒して新しい政権の樹立に成功します。

翌年一般教書演説で「悪の枢軸発言」で、イラク、イラン、北朝鮮等の大量破壊兵器保有国を名指しで非難。国連査察を4年ぶりに受け入れさせました。

さらにサダム・フセインと側近に対し国外退去を求め、3月19日、最後通牒を無視したイラクに多国籍からなる兵力をもって開戦し、圧倒的な兵力をもって5月1日には戦闘の終結を宣言しました。そしてフセインを拘束し裁判にかけるとともに、その後は多国籍軍と国連暫定当局とで徐々に民主化する方針を立てました。

しかし06年にフセインに死刑を執行したものの、イラクの治安はなかなかよくならず、アメリカの国内世論も世界の世論もブッシュの政策には反対で、支持率は日を追うごとに低下していきました。

結局2000年代のアメリカは戦争に明け暮れ、経済状況を悪化させると同時に、03～05年の好況に乗じて始まったサブプライムローンが引き起こした巨大な住宅バブルが崩壊し、全世界のさまざまな金融機関に飛び火する世界同時不況を招くことになります。

一方アフガニスタンも膠着状態で、オサマ・ビン

児童専用「国際子ども図書館」オープン
児童虐待、56%が乳幼児、なかでも5カ月未満の乳児が多い（成育医療センター）
子育て世帯の6割「生活が苦しい」（厚労省・国民生活基準調査）
ベビーホテルの約8割が指導基準に不適合（厚労省）
厚労省、新少子化対策「プラスワン」で育児休業取得率を男性10%女性80%に目標設定
合計特殊出生率は過去最低の1・32
東京千代田区で歩行タバコの禁止条例

EU、ユーロの紙幣と硬貨の流通開始
ブッシュ、悪の枢軸を名指し批判
南アで地球サミット2002開催
韓国大統領、ノムヒョンに
北朝鮮、核兵器開発再開を示唆

2003 平成15年

少子化社会対策基本法公布
次世代育成支援対策推進法公布
女性の平均初婚年齢26・8歳、出産予定1・99人（厚労省）
厚労省、キンメダイに含まれる水銀が胎児に影響を及ぼす可能性があると妊婦に注意
経済的理由で私立校を退学した生徒が過去最多の1・56人（1校当たり）
出会い系サイトを利用した児童買春事件が大幅増（警察庁）
1歳未満の子どもを持つ親の育児休業を最長2年未満に延長
文科省、幼稚園、小・中学校の学校施設設備指針に「防犯計画」の章を設ける
認可保育所の在所児童が200万人を超えて過去最多に
待機児童が増加、2万6000人
事故防止のため公園から遊具を撤去する自治体が増加（国民生活センター）
病気休職した公立小・中・高教師の数、過去最高に
17歳の少年9人で同い年の少年を暴行殺害

郵政事業庁が日本郵政公社に
個人情報保護法成立
長崎で男児誘拐殺人
東京で小6の少女4人を監禁、犯人は自殺
自由党、民主党に合流
与党3党絶対安定多数、民主も躍進
第2次小泉内閣発足
京都府の小学校に刃物をもった男が乱入、1年生2人が切られる

北朝鮮核拡散防止条約から脱退宣言
米英によるイラク侵攻（イラク戦争勃発）
ノムヒョン来日
イラクに暫定統治機関を設置
サダム・フセイン身柄拘束
リビア大量破壊兵器破棄を表明

ラディンもタリバンも掃討できず、さらにイランでの大量秘密兵器の存在に疑問を投げかける文書の秘匿なども報ぜられ、最低の支持率のまま2009年、オバマに政権移譲することになります。

一方、同じく2001年に政権についた小泉首相は、ブッシュときわめて強い友好関係をつくり上げ、アメリカの世界戦略を支える友好国としての地位について、イラク問題等の援助を強力に推し進めました。しかし日本における米軍基地の再編や、牛肉輸入問題では、日米政府の見解の齟齬からしばしば窮地に立たされます。アメリカが世界の賛成を得てアフガニスタンやイラク問題でテロとの戦いという大義を論じている時点では協調できていましたが、アメリカが膨大な国費を戦争で失い、日本も小泉政治の5年間はマーケット重視の財政政策の破綻から国力を海外に流出させ、貧富格差、地域格差を生じさせたこと、あるいはナショナリズム的発想で近隣諸国に圧力をかけて無用の反発を招くなど、90年代の失った10年にさらに上塗りをする政治的失敗に終わりました。そのような意味ではブッシュと小泉の政治的足跡はまったく同じような経過をたどったといえるでしょう。

この間に中国・インド・ベトナム・韓国といった新興国が近代化を促進し国力をつけて、世界の貿易地図はまったく様変わりしてゆきます。

2004
平成16年

子ども・健康

- 国連子どもの権利委員会が日本に対し2度目の勧告、子どもにストレスを与える教育制度は依然として大きな問題
- 東京都教育委員会、30年前と比べ、子どもの体格はよくなっているが体力は低下と調査結果をまとめる
- 六本木ヒルズの自動回転ドアに頭部を挟まれ6歳児が死亡
- 子ども・子育て応援プラン（新々エンゼルプラン）の策定
- 石川県で構造改革特区として日本初の「インターネット高校」誕生
- 全国の大学で「子ども学科」開設が相次ぐ
- 合計特殊出生率1・29で過去最低（厚労省）
- 日本子ども社会学調査、「明日への期待感」小5・6年生の3割、「自分嫌い」の女子が4割
- 都道府県の9割が2004年度、公立小・中で少人数学級を導入
- 文科省試算で、2007年に「大学全入時代」
- 児童相談所での虐待相談件数が前年比11・9％増（厚労省）
- 私立校で3カ月以上授業料を滞納している生徒数が過去最高
- 内閣府、初の少子化社会白書発刊
- 文科省、臨床心理士らが保護者の相談に応じる「保育カウンセラー制度」を創設
- 食育基本法成立
- 3歳児半の3人に1人がテレビを1日3時間以上（厚労省）
- 幼保一体施設、総合施設モデル園が全国36ヵ所に設置
- 厚労省、「子どもの心の診療科」を全国に整備の方針
- ベビースリングが流行

社会

- 79年ぶりに日本に鳥インフルエンザ発生
- 大阪府岸和田で中学生の虐待発見（発見時体重24キロ）
- 麻原一審で死刑判決
- 市町村合併で新たに11市が誕生
- 年金未納事件、福田官房長官菅民主党代表辞任
- 性同一性障害特例法施行
- 初の女性参議院議長に扇千景
- 第2次小泉改造内閣発足
- ドンキホーテ、各地で放火
- ブッシュ再選
- アラファト死去
- 江沢民、軍事委員会主席を退く、胡錦涛、全権を掌握
- 京都議定書発効
- 中国で1万人による反日デモ
- がん細胞の自殺（アポトーシス）に関与するタンパク質特定される
- 普天間基地を辺野古に移転建設することに日米合意

それとともに日本とアメリカの世界における立場は、あらゆる分野で相対的に力を失っていきました。日本もある意味ではそれら新興国の設備投資などに支えられて、輸出を稼ぐ局面もありましたが、それらの国々は今や日本の手ごわい競争相手になっています。

2000年代は1990年代にくらべても、結果的にかなり厳しい年代になったということができるでしょう。この20年のあいだに日本はかなりの富の蓄積を失っただけでなく、潜在していた負の遺産がかなり明確なかたちであらわになってきたからです。

ひとつはかつての経済成長をあてにして作られていた年金・健保といった社会保障がかなりな財政負担としてのしかかってきたこと、また需要の創生や失業者対策も喫緊の重要性を示していること、しかも世界全体が近代化からの脱却を強いられている現在、今までの成長の延長線上では解決の糸筋も見出せません。

これからの日本にとって、世界にとって何が必要かを見定めて、暮らしと仕事そのものを考え直すこと、これが必要になろうかと思います。その出発点になるのは親と子のあり方なのかもしれません。

2005 平成17年

「夜型」乳幼児がふえる（厚労省）
文科省白書、学力低下とゆとり教育の見直しに言及
小学生の29%が23時以降に就寝（文科省）
子育て世帯、教育費が大きな負担に（『国民生活白書』）
日本の子育て環境は先進国24ヵ国中最下位（内閣府）
アスベストが飛散するおそれのある教室が数千以上（文科省）
公立学校校舎のうち耐震性確認は51・8%のみと判明（文科省）
幼稚園から高校まで、ぜんそくの児童・生徒の割合が過去最高に（文科省）
児童相談所への児童虐待相談件数増加

イラク国民議会選挙
東ドイツ出身のメルケルがドイツで初の女性首相に就任
ニューデリーでも同時多発爆弾テロ
東アジアサミット、クアラルンプールで開催
同時爆破事件多発、ロンドン、エジプトで

2006 平成18年

教育基本法改正
日本小児科学会、救急受診するかの判断のためのホームページ「こどもの救急」を開設
家庭所得差によって子どもの進路に「格差」（子ども未来財団）
政府、幼児教育の義務教育化を検討
小児科での勤務を希望する新人医師が3年前比で約4割減少（日本小児科学会）
分娩の帝王切開の割合は84年から年々増加し、2002年には15%以上に（厚労省）
出産に立ち会った夫は約52・6%で99年より15・7%増加
小児科のある病院の46%がネグレクトの疑いのある子どもの受け入れ経験（厚労省）
日本の父親は労働時間が長く、子どもと過ごす時間が短い（国立女性教育会館調査）
子どもの生活リズムを改善させる「早寝・早起き・朝ごはん」全国協議会発足
幼稚園と保育園の機能をあわせもつ新施設「認定こども園」を整備するための新法が成立
合計特殊出生率が6年ぶり上昇、1・3台

米国からの牛肉に危険部位混入で再び全面禁輸
北朝鮮テポドンなど7発の弾道ミサイルを日本海に発射
安倍内閣誕生

アジアの地域通貨単位検討で合意
モンテビデオ・セルビアがそれぞれ分離独立
イスラエル、ヒズボラ（イラン過激派）と休戦決議
タイでも同時多発爆破テロ
タイで軍事クーデター
サダム・フセイン死刑執行

しかし、このような局面にあっても、必ずしも暗いことばかりではありません。たしかに、私たち国民にとって、生活的にはかなり厳しいことばかりが並べられ、小泉内閣以後、安倍、福田と自民公明内閣は政権を投げ出し、かわった鳩山内閣、菅内閣も国民の期待を裏切りながらついに2000年代の幕は閉じられてしまいましたが、ただひとつ、これからの女性、親子、さらには国民全体にとって大きな福音となったことがあります。

それは1972年以来、長いあいだ進展が危ぶまれてきた「男女共同参画」が、2001年から2005年にかけて大きく前進しはじめたことです。

もともと、この本の1980年代のくだりに述べたとおり、1972年にその始まりがあり、それから数多くの議論と改正が重ねられてきましたが、ようやく2000年、内閣府に「男女共同参画局」が設けられることで、大きな第一歩が踏み出されました。以降、各省庁へ男女共同参画関係予算として割り振りがなされるようになり、予算規模も9兆円弱が高齢者への福祉予算として配分され、残りの約1・7兆円が、女性の労働環境整備のために使われることになりました。また、全国市町村には男女共同参画部署が設置されることになり、専任担当者が複数置かれて「市民の意識改革」のため女性の賃金労働者としての経済的自立といった男女共同参画を奨励することになりま

2007 平成20年

子ども・健康

- 文科省・厚労省が連携する「放課後子どもプラン」がスタート
- 乳幼児への児童手当が増額される
- 厚労省、インフルエンザ治療薬「タミフル」の10代への使用中止を求めるよう指示
- 15歳未満の子ども人口が26年連続で減少
- 熊本市の慈恵病院で「赤ちゃんポスト」の運用が始まる
- 全国公立小・中・高校へのアレルギー実態調査の結果、食物アレルギー約33万人、ぜんそくは約73万人、アトピー性皮膚炎約70万人
- 総務省、LDやADHDなどの児童生徒に対する「特別支援教育支援員」を小・中学校に配置の方針を固める
- 文科省、教師の体罰に関する基準見直し
- 「子どもだけの朝食」小学生4割超す（厚労省）
- 教育再生会議（内閣府）が発足

社会

- マグロ乱獲規制、77カ国の会合で
- 地球温暖化で100年後気温が11・6℃上昇、難民2億人の予測
- EU、ブルガリア・ルーマニアの加盟で27カ国に
- スロベニア、ユーロ導入 ユーロ圏は13カ国に
- ブッシュ、イラク増派に国内から非難
- 第2回東アジアサミット
- パレスチナで統一政権樹立で合意
- 米民主党からオバマ、マケインが大統領選に立候補
- シラク仏大統領次期選挙に不出馬表明
- エリツィン国葬
- サルコジ、仏大統領に
- ネパール、王制から共和制に

2008 平成21年

子ども・健康

- 総務省、「特別支援教育支援員」を小・中学校に配置するための地方交付税措置を拡充
- 「保育ママ」事業の法制化などを盛り込んだ改正児童福祉法が成立
- 中国産冷凍食品による健康被害の影響で、学校給食の衛生管理基準を改正
- 医師不足解消のため、2009年度から医学部の総定員を約500人増へ
- 厚労省、「ひきこもり地域支援センター」を全国に設置することを決める
- 児童虐待相談の件数が初めて4万件を超える（厚労省）
- 合計特殊出生率1・34で2年連続の上昇
- 東京都内の妊婦が緊急搬送先の7つの医療

社会

- 安倍首相、福田首相相次いで辞任
- 麻生内閣発足
- 三浦雄一郎、エベレスト登頂
- 岩手・宮城内陸地震
- 北京五輪が開幕
- 中国製冷凍ギョーザ事件
- 食品偽装が相次ぎ発覚

した。これらの計画を推進するため男女共同参画会議が男女共同参画局に設けられ、必要に応じて専門家が具体的内容を討議するようになりました。

そして、２０１０年12月、第３次男女共同参画基本計画が閣議決定されました。少し長くなりますが、その概要を述べてみましょう。

第３次男女共同参画基本計画（２０１０年12月17日、閣議決定）

男女共同参画基本法（１９９９年）の規定に基づき計画の全部を次のように変更する。

基本的方向と具体的施策

第１分野　政策・方針決定過程への女性の参画の拡大

第２分野　男女共同参画の視点に立った社会制度・慣行の見直し、意識の改革

第３分野　男性、子どもにとっての男女共同参画

第４分野　雇用等の分野における男女の均等な機会と待遇の確保

第５分野　男女の仕事と生活の調和

第６分野　活力ある農山漁村の実現に向けた男女共同参画の推進

第７分野　貧困など生活上の困難に直面する男女への支援

第８分野　高齢者、障害者、外国人等が安心して暮らせる環境の整備

機関に受け入れを拒否され、出産後に死亡

厚労省、「妊産婦ケアセンター」（仮称）の創設を決める

子どもの視力が低下、１・０未満の割合が幼稚園、小・中学校で過去最多（文科省）

小・中・高すべての学校で生徒の暴力行為の発生件数が過去最多（文科省）

『障害者の権利条約』が発効

メドヴェージェフ、ロシア大統領に

オーストラリア、日本の捕鯨船に操業停止命令

中国で四川大地震が発生

米証券大手リーマン・ブラザーズが経営破たん

2009
平成21年

厚労省、出産一時金を引き上げ（２００９年１月～35万円→38万円、２００９年10月～42万円）

文科省、小・中学校への携帯電話持ちこみを原則禁止すべきと通知

15歳未満の子ども人口が28年連続で減少

20歳未満の魚介類摂取量は、過去10年間で２割以上減少

合計特殊出生率１・37で３年連続の上昇

5月、新型インフルエンザが国内で発生

臓器移植法が改正され、15歳未満を含め本人の意思表示がなくても、家族の同意によって脳死下の臓器移植が可能に

特別支援学校の在学者数が過去最高

厚労省、児童虐待の相談ができる全国共通の電話番号を開設

待機児童が前年比３割増

ＯＥＣＤ、日本のＧＤＰに占める教育機関への公的支出の割合は28カ国中、下から２番目と公表

定額給付金を盛り込んだ第２次補正予算成立

裁判員制度がスタート

改正臓器移植法が成立

原爆症認定訴訟で国が原告団と合意

衆院選、民主党歴史的勝利

鳩山内閣発足

消費者庁発足

普天間基地移設問題強い反発

バラク・オバマ、アメリカ大統領に就任

北朝鮮が「弾道ミサイル」を発射

マイケル・ジャクソン死去

新疆ウイグル自治区で暴動

国連・気候変動サミット開幕

円高ドル安が加速　14年ぶりに一時84円台に

コペンハーゲンでＣＯＰ15が開幕

第9分野　女性に対するあらゆる暴力の根絶
第10分野　生涯を通じた女性の健康支援
第11分野　男女共同参画を推進し多様な選択を可能にする教育・学習の充実
第12分野　科学技術・学術分野における男女共同参画
第13分野　メディアにおける男女共同参画の推進
第14分野　地域、防災・環境その他の分野における男女共同参画の推進
第15分野　国際規範の尊重と国際社会の「平等・開発・平和」への貢献

以上があらましですが、従来の計画に比較して格段に充実しているといえます。
この計画は、単なる女性の地位向上だけではなく、男性と女性が手を取りあって協力しあい、これからの厳しい状況を生き抜いていくために、絶対に欠かせない法律として整備されつつあることを語りかけてくれます。そのような意味で戦後しばらくして見失ってしまった生存の原点を思い起こさせてくれるように、私には思えるのです。

私たちの「親と子の暮らし」は50年たってようやく、立ち位置にたどりついたのではないでしょうか。

そしてこれから

第2章

50年目の子ども論

赤ちゃんに出会う

『書を捨てよ、町へ出よう』とは、なくなった寺山修司のことばです。あの時代からずいぶん歳月がたち、その当時にくらべて書物も何百倍も多くなりました。『今の人々は書を読んでから街に出る』そういった友人がいました。最近は食べ物屋から博物館まで、たくさんの案内書が出まわっています。それらを片手にしないと街を歩けない人たちがふえています。

そのほかにも人生、仕事、暮らし、趣味…、あらゆる案内書が出まわっていて、なにかにつけ本を頼りにしている人が多く、なかには本を読むことに疲れきっている人さえいます。ギネスブックは何のためにあるのかよくわかりませんが、テレビや雑誌の穴埋めのネタのためにあるような気もします。

情報があふれきっているこのような状態を情報公害といいます。情報公害というと、普通は誤った報道に惑わされることのように思われがちですが、情報に頼りきって、情報に支配されている人々のほうがはるかに問題というべきでしょう。

話は変わりますが、育児がおかしくなったのは育児書のせいだ、という育児指導の先生方がいます。

しかし、たくさんある育児書のすべてが、同じ考えに基づいて書かれているわけではなく、すべての子どもの育児にあてはまる普遍性をもっているわけではありません。育児書のなかにはいろいろな考え方があり、なかには間違った記述や古くなった方法がある。だからいつの場合でも、育児書に頼る

育児は間違いを犯す危険がある――善意に解釈すれば先生の言葉はこういうことをいっているのだと思われます。

しかし育児書がなかったらどうなるでしょう。書物がないと街を歩けない現代の人たちは、育児の知識がなければマニュアルを求めてお医者さんの門前に列を作ることになるでしょう。このような親たちに対して育児指導をする立場にいる人々は、できるだけ親切な育児指導をしようとしていろいろ努力するかもしれませんが、それらも所詮ある一面からの知識にすぎないのであって、ある意味では普遍的知識が備わらないと、個々の育児指導が生かされないということもありうるのではないでしょうか。

完璧な育児書がないのと同様に、育児指導も完璧ではありません。この親とこの子という個別の関係においては、星の数ほどある育児マニュアルがまったく役に立たないことも少なくないのです。それにくらべ、子どもと親の出会いは一期一会なものだといえます。育児とは一期一会の出会いをつなぎ合わせ、つむぎ上げていくものです。育児マニュアルに従うことによって、親と子の大事な一期一会の機会を失ってしまうことも起こりうるのです。ですから最初に戻って『書を捨てよ、町へ出よう』という言葉を思い返してください。育児マニュアルをいったん捨てて新しいまなざしで赤ちゃんを見直してみましょう。育児書にせよ、育児指導にせよ、それらをどのように判断するかは親にまかされた権利なのかもしれません。

そのつどそのつどの赤ちゃんとのフレッシュな出会いは、親になんらかの新しい体験を与えてくれるはずです。その体験があってはじめて育児書や育児指導が生きてきます。パパやママにとって『街に出る』というのは『赤ちゃんに出会う』ということではないでしょうか。

育児書はできあいの洋服。怠け者の教科書です。使い方によっては毒にも薬にもなる存在なのです。

子どもだましのやさしさ

50年近くも前のことですが、子どもがつかまる部分がウサギやパンダなど動物の顔になっている赤ちゃん用オマルが新製品として売り出されました。当時としては画期的な商品で、同じようなものが次から次に売り出されました。今でいうキャラクターグッズのはしりで、世界でもこのような育児用品はなく、それからはテレビやアニメの人気キャラクターがさまざまな商品につけられ、子どもたちの興味をそそるようになりました。

私は当時このような現象に違和感を覚え、『このようなオマルで用をたしていると、遊園地で乗り物に乗るたびにトイレに行きたくなるのではないか』と皮肉をいっていた覚えがあります。

今考えてみるとそれはお節介であり、難癖にすぎなかったといえるかもしれません。しかし、このような付加価値がついているのは、当時は日本製のものだけでしたから、私がこの種のサービスにかなり抵抗を抱いたことは事実です。さらに子どもがこうした商品に親近感を抱くことは驚きでもありました。

50年たってみると、このようなグッズによって、乳幼児の家庭はもちろん、若者の部屋まで埋めつくされています。

私にはこうした現象の陰に、現代人が彼らの心の空洞をキャラクターグッズで埋めつくそうとする努力を感じずにはいられません。それはやさしさで部屋じゅうを埋めつくそうとする自己満足であり、極論すれば本当のかわい

らしさ、やさしさのかわりとして、あるいは愛情の証として、安易にこの種の商品を選ぶようになったのではないか。そう思います。

いささか自分の論理に無理があるのではないか、そういう思いを抱きながら、それでも50年近くこの思いを払拭できないのはなぜでしょうか。

キャラクターは三世代にわたって、文化の側面として定着してきました。この「いとけなきもの」は人々の心の中に住み着いてひとり歩きしています。誰かにかわいいものだと教えられたわけでもないのに、否応なしにひきつけられていくのです。パラレルワールドのように、現実とはまったく違う世界を構成しているように思われます。

そう考えてみると、20～30年前にこのようなキャラクターを友にして育ってきた現代の親には、すっかりこの種の文化が根づいていて、キャラクターグッズが子どもの成長に必要だと考えることに違和感はないのでしょう。

ではキャラクターグッズは現在どのような意味をもっているものなのでしょうか。さまざまなグッズについているキャラクターを見て、子どもたちは「キャッ、カワイイ」と反応を示します。それはまるで条件反射のように感じられます。こうしたキャラクターは、そのキャラクターの活躍する物語の世界から遊離して、子どもの心の中に住み着いていて、誰かにこれがかわいいものだと教えられたわけでもないのに、否応なくひきつけられてゆくのです。

しかし、それは子どもだけの反応ではありません。子どもだけでなく親の心にも働きかけ、ある種のエモーションをかきたてます。

子どもは大人になるということに対して希望をもつのと同時に、安らぎを求めて母の子宮に回帰したいという願いをもっています。そして母親にも、子どもの成長を願うのと同時に、いつまでも自分の小さな子どもであってほしいという願望がひそんでいます。

このような両者の気持ちは、幼きものへの憧憬としてキャラクターを媒介に心の上層に浮かび上がってくるのではあるまいか、私にはそう思えるのです。

『ピーターパン』などすぐれた児童文学が生まれた背景には、そうした「おさなきもの」への憧憬がはっきり見てとれます。

「子どもと大人はある意味で違った存在であり、子どもは自ら自己を改変させてゆくものである。そこには子どもの人権が存在している」という言葉は、フランス革命の原動力となった思想家のひとりジャン・ジャック・ルソーの教育論『エミール』の中の言葉です。大人と違うものとしての子どもの存在は、ヨーロッパでは実にこのとき誕生したとされています。

そして18世紀後半のアメリカ独立、フランス革命を経て、19世紀にはすぐれた児童文学や童話のつくり手が生まれます。1812年ドイツでは民話に基づくグリムの童話集が、ついでデンマークでは1835年アンデルセンの童話集が生まれました。さらに『不思議の国のアリス』が1865年に、『ピーターパン』は1904年に誕生します。

日本では説話という仏教を広めるための物語が、お伽草子としてまとまってきたのが室町時代から江戸時代にかけてで、そのなかから『桃太郎』『金太郎』といった子どものための物語が生まれてきました。

江戸時代末期までにおよそ300篇あまりがつくられました。

このような民話は、ヨーロッパにもありましたが、子どものものとしてつくりかえられたのは19世紀ごろからだといえるでしょう。

おそらくそれまでは子どもは単に小さな大人であり、子どもの心理などは真剣に考えられることはなかったのです。子どもの世界は優れた作家の作品だけでは変わりません。親と子どもの関係は、近代社会の中で別の相克を招くことになります。合理的で知性的な社会が進むにつれて、大人が理性の世界に閉じこめられ、子どもの世界とはまったく違った世界に暮らすようになってゆきます。感性的な子どもの世界、そして理性的な大人の世界は近代に入ってさらに隔絶され、それをかろうじてつなぐものとしてファンタジックな世界が生まれ、そしてその世界の主人公たちがキャラクターグッズに姿を変えて生き残っているといえるのではないでしょうか。

しかしキャラクターグッズの世界には、『かわいい』という言葉のほかにお互いの心を結ぶものがありません。昔のような、親子の切実な結びつきが希薄になっています。「かわいい」現象と裏腹に、子どもといわず若者の心から「やさしい」心が欠落しているのではないか、そう思わせる事象が最近目につきます。それは子どもの心に「やさしさ」の貯金が少なくなっているからだといえるのかもしれません。子どもは、大人のやさしさをみいだす機会が少なくなっているのではないでしょうか。

やさしさの貯金とは、絵本の読み聞かせといった類のことではありません。それは「やさしさの知識の貯金」であって、やさしさの貯金ではないのです。親は子どもにやさしさを伝えようとします。しかしそれは難しいことなのかもしれません。

親のやさしさは、もともと子どもをいつくしむ気持ちがあって、それが行動として自然ににじみ出てくるものだといわれます。そして、いつくしみの心をもつには、自分を無にして子どもを受け入れる心が必要です。親と子といった上下の関係ではなく、肌と肌の、目と目のふれあいといった対等のコンタクトから生まれてくるものなのです。さらにお互いに必要とし、必要とされていると想像する心から生まれてくるといってもいいでしょう。そのあいだに何も介在させない純粋なふれあいが必要です。

「うまく育てなければ」とか「私が親なのだから」といった感覚が入りこむことさえ邪魔になります。そのような心理が親と子のあいだに介在することが、かえっていつくしみの心を生み出す障害になるのかもしれません。いつくしみの心とは昔の親たち、それも何ももたない親たちの、精いっぱいの生き方のなかに見出されるものなのかもしれません。

なにひとつしてやれない、そんな気持ちを抱きながら子どもと真正面から向き合ったとき、子どもの心をわかりたいという心からの思いが子どもに共鳴して受け入れられたとき、親の心情はやさしさとなってからだ全体からほとばしり出ていくものではないでしょうか。

もしかすると、逆にやさしさの根は子どもの中にこそ内蔵されていて、子どもは親のやさしさを誘発する共鳴器であるのかもしれません。大人は子どもにふれることによってはじめて、やさしさをわきおこすことができるのです。大人から子どもへやさしさを与えようとしても、それは難しい。子どもと共鳴することによってはじめて、それが可能になるのです。

物余りの時代ではやさしさを与えたり求めたりすることは難しくなっています。子どもを取り巻いている子どもだましのやさしさのなかで、子どもはやさしさに飢えているのかもしれない。自分のやさしさを受け取ってくれる人もなく、投げ返してくれる人もいない。そのうちに自分の中のやさしさもやせ衰え、変形してゆきます。

ある友人がいみじくも言いました。

「今の親子はディズニーランドで、ミッキーマウスの焼き印を押したホットケーキをナイフで切り刻みながら食べているんです」——恐るべきやさしさへの不感症——。

やさしさにこだわって

前章で「子どもだましのやさしさ」というテーマを書きましたが、気になって「やさしい」という言葉を古語辞典でひいてみました。すると「①身も細るほどつらい、②恥ずかしい、気が引ける、③控えめである、④淑やかである、⑤趣き深い、⑤感心である、けなげである、⑥情が深い、心が優しい」となっ

ています。これを見ると、心がやさしいという使い方は室町時代後半で、かなり後になってから使われるようになったようです。さらに容易であるという使い方は徳川時代からで、非常に多義的な言葉だったと思われます。今では一般的に、心が優しいという意味で使うケースが多いようです。ある意味では大変便利に使われる言葉だったのでしょう。だから、自分たちで使い勝手のいいように変えてしまうこともしばしば起こります。

たとえば、「地球にやさしい」とか「からだにやさしい」という使い方は昔はありませんでした。この場合、やさしさには、「大切なものどして考える」という意味があります。対象を大切なものとして処遇しようという意味になるのでしょう。自分にとって、という意味もありますが、それだけでなくて「生きとし生けるものすべてに大切なものとして」という意味を含んでいるように思われます。価値のあるものと価値のないものを分け隔てするのではなく、そこには、すべてをひっくるめて大切に考えようとする日本古来の思想があります。

今度はやさしさという言葉を英語の辞書で引くとどうなるのでしょうか。ジェントル、カインド、テンダーという言葉が出てきますが、日本のような宇宙的なやさしさに通じる言葉は見つかりません。これは日本人独特の言葉のように思われます。

では私たちはやさしさについてどのようなものだと受けとめているのでしょうか。最近、やさしさという言葉に新しい使い方が生まれてきたように思います。今の若い人はやさしさという言葉をどのような形で使っているのでしょうか。

ちょっと話が飛びますが、女性は結婚相手の第一条件として「やさしさ」をあげるというのがひところの通り相場でした。バブルのはじける前、いまから20～30年ほど前のことです。その前の高度成長期には、学歴が高く、給料が高く、背が高い、いわゆる3高がもてはやされていたのです。それがバブルのころには、人間的な温かみややさしさへと移り、しかしバブル崩壊以後には、ふたたび3高志向に戻り、最近になってまたまた「やさしさ」が復権しつつあるようです。

このように変化するのも女心の表れなのかもしれませんが、あまりの急激な変化に驚かされました。どういうわけでこのような変化が生まれるのでしょうか。おおざっぱにいえば、大多数の人が単純に思いつきがちな好条件の寄せ集めの3高から、この世の中からどんどん少なくなってきつつある、いわば希少品種となったともいうべき「やさしさ」へと人気が移り、さらに今は両者が拮抗しつつあるということかもしれません。それは現世的価値観と永遠のテーマとのしのぎ合いともいえそうです。

ただし、それが永遠のテーマだとしても、その中身が問題です。ある調査によると、やさしさとはという問いに対して「思いやりがある」とか「私を理解し立ててくれる」というふうに答える人が多く、中には「自分の行動を見て見ぬ振りをしてくれる度量のある人」という答えまであったということです。つまり、彼女が要求する「思いやり」はあくまで自分だけに向けられたもの、自分本位に見た考え方です。

一方的にやさしさを求め、その見返りとして相手にも応分のやさしさを返そうとするのであれば、これはやさしさの対極にある考え方だといえるでしょう。もし、逆に、男性が「自分を立ててくれる従順な女性」を求めてきたら、それを受け入れることができるでしょうか。

私はやさしさを求める女性の考え方がわからないわけではありません。やさしさが欠乏してきた社会にあって、彼女らは今まで生きてきた人生の過程で、家庭や学校で行動や考えを抑圧され、無視しつづけられてきたから、せめて結婚後くらい自分を百パーセント認めてくれるような相手を渇望するのでしょう。ただ、この場合の相手の思いやりや理解は本当のやさしさとは違うということに、彼女らは気がついていないといえそうです。

やさしさとは、いったいなんなのでしょう。

これは難しい問題です。私自身やさしさというものを誤解して、さまざまな人に痛手を与えてきました。だからあまり大きなことはいえません。が、いまいうとすれば「相手の気持ちにどのくらい共感でき、同じように悲しんだり、喜んだりできるか、相手の気持ちに近づこうとする努力ができるか、そしてそこに到達できないことを悲しむことができるか」ということになるのでしょうか。相手とまったく同じように喜んだり悲しんだり怒ったりするのは難しい。けれどせめてそれを想像して、自分の気持ちが相手に届かないことを素直に認めながら、相手の気持ちをほぐしてゆくことも「やさしさ」のひとつの表し方なのかもしれません。そのとき大事なのは、いかに自分を無にすることができるか、ということなのかもしれません。

赤ちゃんは自分の気持ちを言葉にすることはできません。でも、うれしさや悲しさ、好き、嫌いといった感情は豊かにもっています。それをどのように想像し受けとめてゆくか、それは親にとって永遠のテーマといえるでしょう。

昔はそのようなことが並はずれてうまい人がたくさんいました。今はおしなべてそれが下手になってきました。やさしさしか与えられなかった時代、相手をおもんばかって生きる生き方は、血縁や地縁のつながりがしっかりしていた江戸時代など前近代的時代には、文化の形のひとつとして見られたものでした。

それは近代になるにしたがい失われていったもののひとつです。そして、それを身につけるには、たぶん小さいときからまわりの人からの「やさしさ」の刷り込みが必要なのでしょう。

でも、今からでも遅すぎるということはない。すくなくとも子どもたちのため、今からでも親が努力しなければならないことだと思うのです。

親ができることできないこと

子どもがカゼをひいた。そんなとき子どもは親に救いを求めます。「お母さんなんとかして――」。

でも、親はほとんど何もできません。せいぜい寒くないようにふとんをかけたり部屋を暖めたり、そんなことくらいしかできません。お医者さんに連れていって薬をもらっても、それだけでカゼが治るわけではなく、お医者さんも薬も万能というわけではないのです。

病気が治るのは、子どものからだに病気と闘ってそれに打ち勝つ力が備わっているからです。その力が十分に発揮されれば子どもは治ります。親にできることは、お医者さんに連れていって、言われたとおり看護して、あとは見守ること、ケアすること、そして励ますことです。それだけしかありません。

これはつらいことです。頑張れと言っても、かけっこと違って頑張りようのないことですから。「もうちょっとで必ずよくなるわ、頑張ってね」という気持ちをもって、口に出さず心の中で子どもにも自分にも言い聞かせるしかありません。せいぜい「私がいてあげるから大丈夫」という気持ちをこめてほほえんであげることでしょうか。

カゼが治り子どもの気分がよくなって、笑顔が戻ったとき『えらいね、よく頑張ったね』とほほえみかけてあげる。親ができることというのはこのようなことぐらいしかないのです。

育児全体でも親ができることはその程度のことだし、それで十分なのです。

あとは子どもがいらだったり悲しんだりしているとき、じっと抱きしめてあげる。それ以上のことをするのは、よほどうまくやらなければかえって害があるし、骨折り損のくたびれもうけになることもあるでしょう。

煎じつめれば、育児とは「子どもを信じよう」という言葉につきるのかもしれません。子どもを信じることができず、親の心が暗くなったり、神経質になったり、マイナスイメージを抱くようでは、その気持ちが子どもに影響してマイナスの結果が生じてしまうこともあるでしょう。

もちろん病気にかからないようにするとか、からだを鍛えるということもありましょう。勉強を頑張らせようという考えもあるでしょう。でも、これまた行きすぎの弊害もあって、そこそこにとどめたいものです。

病気のときだけでなく健康なときでも、子どもは親がにこにこ自分を見ていてくれるだけで、それを糧にして自分で成長していきます。それがいちばん大事なことなのです。

こう述べてくると、読者のなかには『ナンだ、そのようなことでいいのか、親の仕事、育児というのはもっと崇高なことではないのか』と考える方もおられるでしょう。

そのとおりです。でも、親ができることは見守ることであって、それ以上でもそれ以下でもありません。たとえ子どもであっても、子どもがしたくないことを無理強いすることはできませんし、したいことを無理やりやめさせることもできないのです。なぜなら、子どもは他人だからです。親とは違うひとつの個性をもった存在だからです。子どもは自分自身思ったように成長していきたいし、自分自身成長してゆくことを喜ぶ存在でもあるからです。

しかし、親ができるもうひとつ大切なことがあります。それは子どもとともに親が育つということです。これは案外難しいことです。子どもが3歳になったとき、親は3歳の目線で子どもを理解できるようになっていなければいけません。5歳の目線でもだめですし、1歳の目線でもだめなのです。親は自分の年齢はいったん棚上げして、子どもと同じ年齢になって、同じよう

に成長を実感していくことが大事です。このことは、言い方をかえれば、親は子どもの成長をなぞって、もう一度子ども時代を繰り返すということでもあります。

子どもの目線で社会を見直せば、大人の考えの矛盾を正せますし、子どもといっしょに感動したり、怒ったりすることができます。かつて自分がもっていた純粋な気持ちを取り戻すことも可能になります。

子どもとともに成長するというのはそういうことです。よく「子どものころはよい子だったのに、いつのまにこんなになったのだろう」という嘆きを耳にします。それは、よい子という状態に満足し、その後の子どもの成長に気をとめなくなって、いつしか子どもとの心の交流がおろそかになったために起こります。

また、子どもと自分の心のすれ違いの原因が、子どもではなく自分のほうにあったことを気づかずにいたためかもしれません。

子どもは成長します。だからときには子どもは自分の大きくなっていく心身のサイズを持て余し、不安にかられています。幼児から学童に変わるとき、思春期を迎えたとき、子どもは理解してくれる身近な人を必要とします。自分が直面しているこの不安を自分と同じ目線で受けとめ、いっしょになって解決を考えてくれる人です。親はそのとき親ではなく、理解者であると同時に、子ども自身でなければなりません。親は自分の経験を子どもの今の現実に重ね合わせるのではなく、子どもの「今」を見つめることが求められます。親の難しさはここにあるのではないでしょうか。

親の崇高さとは、このようなことができることにあるのかもしれません。

育児はなぜ難しいと考えられるのか

育児は難しくなったといわれます。はたして本当にそうなのか、難しくなったとしたらそれはいつからなのか、何が育児を難しくさせたのでしょうか。

それを考える前に、動物の育児について考えてみましょう。

動物園では育児の放棄がしばしば起こるといわれています。自然環境に適応することが種族維持の必須条件である動物の場合、動物園という人間がつくり出した環境は、どんなに自然の状況に近づけたとしても子育てにふさわしくない場なのでしょう。人間以外の動物では、子育ては自然に組みこまれ、自然に規制されているものであり、ある自然環境の下で、体の中に組みこまれた自然のプログラムに基づき生殖や育児の行動が発露してくるのだといわれます。

鳥が卵をかえす行動にしても、抱卵時期になると胸部のあたりが熱をもち、卵を抱えて胸を冷やすように条件づけられているからだといわれます。

このような自然界のシステムは多種多様、かつ微妙で、人智でははかりにくいことのほうが多いため、ひとつの知識から類推することは危険です。たとえばほかの鳥の巣にある卵を巣の外に捨てて、自分の卵を産み落とすカッコウの行動は、どのような原理により規制を受けているのでしょうか。

大脳がほとんど発達していないアメーバのような下等動物でも、環境に応じて行動できます。光を感じてその方向に移動するセンサーがあるためで、学習による試行錯誤の結果ではないのです。

大脳の進化した動物では、学習によって獲得される行動は多くなってゆきます。育児行動でも学習によって多様な影響が表れることが、猿類、特にチンパンジーのように群れて活動する動物において、よく見られるといわれます。その半面このような動物でも、動物園等でこれまで育ってきた自然とまったく異なった環境で飼育され、仲間の育児行動を見ることのなかった場合には、育児が困難になる傾向が強いとされます。このような育児行動に支障をきたしたチンパンジーに、ビデオなどを使ってほかの親が仔を抱き上げたり乳を与えたりするようすを観察させた場合、人形を使ったトレーニングではあまり効果があがらなかったのにくらべ、よく学習できたという実験結果もあり、頭脳が発達した動物が育児上手とは必ずしもいえないことも認められています。

こう考えてくると人間以外の動物の育児も、まったくの自然のたまものであるということはいいにくいし、人間の育児がまったくほかの動物とは違うということもいえないのかもしれません。

こうした現象には共通した原理が働いているように思えてしまいがちですが、同じように見えるこのような行動も仔細に見ると、おのおのの種によって独自のパターンがあり、なぜそれが起こるかについてはそれぞれまったく違う条理がかかわっているのではないかと思えます。たとえば仔を隠された猫がひと晩じゅう仔を探して鳴いているのに、次の日にはそのようなことがなかったような行動をとることもありますし、あまり日もたたないのに残った仔を追い払って仔離れ行動に入る、この行動の違いは何によってもたらされるのでしょうか。一見納得できそうな行動も多くの謎を含んでいるように思われるのです。

いずれにしてもそれぞれの種の育児はあくまで違う原理に規制されていて、環境に適応して変わってゆくこともあるのだと考えるべきなのでしょう。

私たちは往々にして動物の育児と人間の育児を比較して、同じもののように感じたり、見習わなければいけないと考えたりします。多くの場合それは

自分たちの価値観に合ったものを、さしたる証拠もなく恣意的にとり上げているようです。

人間の育児がほかの動物の育児と違うところは、人間は言葉で育児を教えることができるという点にあります。からだにしみついていることでもなければ、見よう見まねだけで行うことでもなく、言葉を介して行うというところにその特徴があります。言葉を通じて行う育児は、親から子へ比較的正確にその技術やコツを伝えてゆくことが可能です。さらに時代や風土がはぐくんできたものを少しずつ洗練された形にして伝えることも楽にできます。伝統的な育児がことわざなどで伝えてきたものがそれにあたります。

しかし、言葉による育児の欠点は、時代が変わり新しい育児法が伝来したりすると、育児のやり方が混在して複雑になり、混乱を招くことにあります。江戸時代に育児書が発達したのは、江戸のような繁華な都会に住む人が増加した、親から離れて伝統的育児が伝わりにくくなった、さらに識字率が上がり文字によるメディアリテラシーが高まった、この3つが原因だとされますが、それと同時に育児がそれだけ難しくなってきたことの表われだということができるでしょう。

戦後、昭和30年代に育児書がブームになったのは、当時の江戸とよく似た状況が出現したということなのかもしれません。

育児が単に心身を健康に保ち、よりよい発達を促すということだけなら、それほど難しいことではないといえるのですが、育児には子どもが一人前の大人になって社会に適応してゆくための手段、という、もう少し大きな概念も含まれていて、現代のように複雑化して流動的な社会においては、昔のような素朴で簡単な子育ては通用しないかのように思われます。

私たちはこのような錯覚によって育児が難しくなったと思いこんでいるのではないでしょうか。たしかに現代の複雑で流動的な社会を考えれば、育児は難しいといえるでしょう。しかし流動的な社会は今の子どもたちが大人になるときも同じように流動的であるとはかぎりません。今、育児が難しいとしたら、それは今がよくない社会だからです。少なくとも子どもが生きにくい世の中だからです。子育て社会の再構築を志向するなら、今の世の中に合わせて育児のところだけを手直しするのでなく、社会そのものを子どもが育つことに合わせてつくり直してゆくことが喫緊の課題といえるのではないでしょうか。

そんな壮大なことを考えていても、今この子が直面する現実にはなんの役にも立たない。そう考える人も多いことでしょう。しかし、こう考えることもできるのではないか、それは「どんな状況になっても自分の考えで道を切り開いてゆける活力をもつ人間」そこをピンポイントに絞って育児するということです。

マスコミがつくり出す病気

いつのまにか世の中に流布されてゆく病気があります。○○ノイローゼといわれるものの多くは、医学的に病名として使われていなくても、一般にはれっきとした病気のように思われています。育児ノイローゼなどもそのひとつといえるでしょう。

ノイローゼという言葉は、もともと神経症（ノイローゼ）という病気の呼称です。身体的な病因がないにもかかわらず、精神的な原因でからだや心にさまざまな症状が出る病気を総称していると考えてください。代表的なものには不安神経症とか、強迫神経症、恐怖症、心気症などがあり、さらに細かくいえば高所恐怖症とか、先端恐怖症などがあげられます。しかし、一般的な言葉として便利に使われるようになると、精神的な悩みがほとんどノイローゼとイコールのように認識されるようになってしまいました。今では精神医学の分野では、紛らわしさを防ぐためノイローゼという言葉は使用していません。

このように言葉はひとり歩きしていきますが、多くはマスコミの情報によって広まってゆきます。アレルギーという言葉も同様で、今では違和感と同義語のように使用されています。

育児ノイローゼもある意味でマスコミがつくり出した言葉で、はじめは小児科医の先生方もこの言葉には強い違和感を感じていましたが、今では医療とまではいかなくても、その周辺の育児関係では便利に使われているので、さらに紛らわしいのです。

育児ノイローゼが生まれた背景には、いくつかの社会的要因があります。

第一に、核家族になって、親やまわりの助けが得られなくなったこと。お母さんが実際に欲しかったのは、手助けであり、親身なアドバイスでしたが、核家族時代になると夫婦が主体的に育児するべきという風潮が生まれ、両親は頼るすべを失って孤立化していきました。

第二に、医療の体制や技術が進み、情報も新旧さまざまなものが入り乱れることも、親を混乱させる大きな原因のひとつでした。

第三に、生活や育児方法が変わりはじめ、親はそれに対応するのに困惑するようになりました。育児指導も一貫性に欠け、必ずしもきめ細やかに対応しているとはいえませんでした。

産前産後にはからだや心に大きな変化が起こり、強いプレッシャーがかかりますが、さらに外部からこのような追い打ちがかかり、親の精神状態はさらに不安定になります。

社会的要因とは私たち人間によってもたらされた問題であって、これら、お母さんの心身にもともと根ざしている問題ではありません。しかし、これ

が育児ノイローゼというひとつの言葉でくくられるとき、病気が生まれます。まさに育児ノイローゼはつくられた病気でした。

第一の問題については、親やまわりの人からの手助け（文字どおり手による助けです）が必要で、かなりの部分はこれで解決できます。第二の問題は新しい生活用品が出るたびに、メーカー側の製造者責任によるわかりやすい利用法の説明があり、さらにマスコミや監督官庁がその製品の社会性について十分な発言が必要だったのでしょう。第三の問題については、育児指導者の責任があげられます。このようなお母さんの置かれた状況を把握した親身な説明があれば、お母さんの悩みや心配はなくなったことでしょう。

しかし逆に、ここにもうひとつ、お母さんを痛めつける言葉が生まれます。ある小児科医がつくり出した「母原病」という言葉です。

１９７９年、名古屋の小児科医によって提唱された母原病は、経済成長によって急激に先進国となった日本が先進諸国と同じような結果をたどり、親がおしなべて育児下手になったと断じ、その結果として心や身体にさまざまな病変が生まれた、というのが主旨でした。

そしてそれは、せき、くしゃみなどの呼吸器の変調や、嘔吐、下痢、腹痛、過食などの消化器の変調、発熱、頭痛、失神などの症状、じんましん、湿疹、自家中毒、さらには自閉症といわれる現在の広汎性精神障害まで、ひっくるめて母原病とし、育児の未熟なことから生まれる過保護、溺愛、無関心によるものとしていました。

この説の巧妙だった点は、立ち遅れた育児対策を親、特に母親に転嫁したことにあります。また、それによって、現在の育児に不安を抱く一世代上の年齢層の人々に受け入れられたこと、それをメディアに新しい考えとして信じこませたことにあります。

時代の被害者であるはずの母親は、こうして加害者として仕立て上げられました。この説は多くの小児科医には黙殺されましたが、積極的に反論をする動きはなく、母親の勉強不足ということについては同調する人も多かったのです。さらにはこの説をとり上げたメディアをマスコミ公害と決めつけることが関の山といった状態でした。

当時は残念なことですが、医師のなかには一般書について冷淡な先生がおられました。このような先生は一般的育児書に書かれていることについても事なかれ主義で、医学的実証性があるかないかについてあまり関心のない先生もいました。

そのためかどうか、はじめに直観ありきで、それをさも科学らしいオブラートに包んだ出版物が巷にあふれてくるようになりました。それは、それを読まされる一般人を惑わすだけでなく、医師や医系出版物の評価を落とすことにつながっていきます。

特に、社会的現象として健康や病気、あるいは育児をとり上げたテレビ番組は、間違ったブームを生み出す点で、大きな害悪をもたらしているといえるでしょう。

おかしいな、ちょっと待てよ、と基本的なことに立ちかえって考えてみる姿勢が、情報を送り出す側に必要ですし、一般の人々もそういう姿勢をもつことが、情報に対する消費者マインドを高めることができる、と私は考えています。

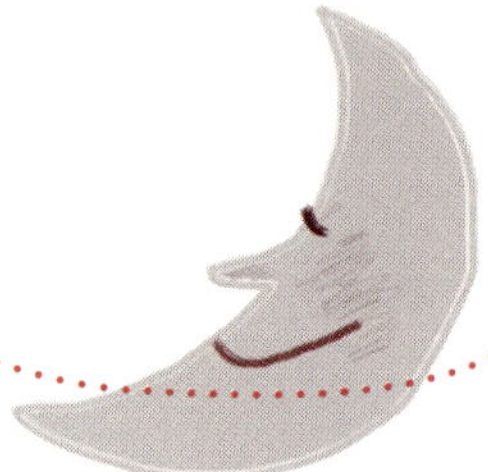

母性愛神話とは

「赤ちゃんは0歳から3歳に向けて、そのあいだに人格の基が形成され、能力の芽生えが出てきます。だからこそ愛情に包まれ十分に保護されて育てられなければなりません。そのためには、より深くかかわれる立場にいる母親が子育てをしなければなりません」

　このような言葉を聞かされた母親はかなりの数に上ることでしょう。それは自分の親、あるいは姑などから聞くこともあれば、親のよきアドバイザーであるべき小児科医、保健師、保育士といった人から聞くこともあるでしょう。あるいは小さいときから事あるごとに見聞きして、心に刷りこまれたケースも少なからずあることでしょう。

　このような考え方が、いつのころからか母性愛神話と呼ばれるようになってきました。

　神話というと、かなり古くから言い伝えられてきた考え方のように聞こえますが、実際にはそれほど古い話ではありません。国策として親のあり方や子どもの育て方が考えられるようになったのは、近世に入ってからでした。

　日本では徳川時代、幕藩体制が固まり士農工商の身分がはっきりするとともに、それぞれの身分に応じた道徳教育が必要になってきました。ひとつには江戸という時代が江戸という都市をつくり出し、町人という新しい階級に対する新しい道徳律が必要になったということができます。捨て子や不行跡者、逃散などは、家を共同体の中核単位としてきた村や町の破壊を招きかねませんから、共同生活の単位である名主・五人組といった組織を通じたり、あるいは共同責任を課したりして統制の強化に努めるようになりました。

また、幕末に近づくにつれ、農村社会の疲弊、武士社会の衰退、町人の勃興等々の社会の変化、破綻があらわになり、締めつけはさらに厳しくなります。間引きという名の嬰児ごろしなどが横行した際にも、それを厳しく取り締まったり、あるいは寺子屋での道徳教育や法を守ることの教えなどを通じて庶民教化に力を注ぐことになります。

それに対して欧米ではどうだったのでしょうか。

ジャン・ジャック・ルソーは18世紀、フランス革命に影響を与えた思想家ですが、当時フランスでは国王、貴族、僧侶の力が圧倒的に強く、ようやく力をつけはじめた市民階級は政治からしめだされ、その結果悲惨な生活を送っていました。子どもの多くが孤児院や乳母によって育てられ、60%を超える乳幼児死亡があったことから、ルソーは子どもを悲惨な目にあわせることなくきちんとした教育を施すことが、フランス市民社会の形成には不可欠であるという趣旨で育児論『エミール』を著しました。

1960年にアリエスという歴史学者は『〈子供〉の誕生』という本を著します。この中で、アリエスは欧米において初めて「子ども」という概念が、ジャン・ジャック・ルソーによって確立されたと述べています。「子どもは大人を小さくしたものではなく、人間の本性に従った教育をほどこすことによってはじめて人間たりうる」というルソーの言葉がその後のヨーロッパの子ども観をつくったと、アリエスは述べています。

いずれにせよ、東西の育児論が近代に移り変わろうとする時代のなかで形づくられていったこと、それが時代をつくり出すグランドデザインの中に組みこまれるようになっていったことは注目に値します。

しかし、日本では積極的に子どもを引き上げようとするよりも、子どもの行動を後ろから見守っていくという日本古来の〈子やらい〉という考え方に根ざしており、愛情に主体を置き、家や町・村の成員を育てようとするとこ

ろが、教育に主体を置き、個人を育てようとする欧米の考え方とは、根本的な違いがあったのではないかと思われます。

特に、母親の愛は無償の愛であり、母性愛は何ものにもかえられない至上のものであって、女性の心に内在しているものという考え方は、家というものを社会の中核に据え、国家が統制していくという日本の社会制度にとっては、大変都合のいい考え方でした。

明治以降も、侍の家制度に見られる男性が外で働き女性が家を守るという専業主婦的な家庭のあり方が、社会体制に姿を変えて官僚や産業の世界に生きつづけ、日本独特のタテ社会が生まれてきたと想像されます。そのため明治以来欧米の思想が流れこんできても、それを受け入れながら、現代に至るまで「母性愛」を中心にした人生観が残っていったのではないでしょうか。今では、母性愛があるとないとでは、子どもの人格や能力の発達に開きが出てくるとまでいわれかねない状況にあります。

これが日本独特の母性愛神話といわれるものです。

母性愛神話については、さまざまな研究によってその存在は否定されています。しかしいまだに母性愛という言葉はどこかにありつづけています。私は母性という言葉自体も、いまでは父性という言葉と同様に、必要のないものであると考えています。なぜなら、父性、母性ともに歴史的役割をまったく失ってきつつあるからです。それにもかかわらず母性という言葉が生きつづけているのは、ノスタルジーからではないでしょうか。

そのノスタルジーとは、母親の愛に包まれて育った男性側によく見られるものです。あるいは母親の愛を求めながらそれに満たされる感情をもちえなかった男性の意識下の思いなのかもしれません。もしかするとそれはマザー・コンプレックスに近い心理といえるのではないでしょうか。

マザー・コンプレックス（あるいはエレクトラ・コンプレックス）はフロイトやユングもとり上げてはいますが、いまだ定説にはなっていない考え方ではあります。しかし日本では精神科医の古澤平作や小此木啓吾が、日本特有の〈未生怨〉のコンプレックスとして提唱したように、日本人のメンタリティーにそった考え方でもあります。巷でいわれるマザコン特有の心理として、特に日本男性に多く見られるように思われます。

これは冒頭にも断りましたように、私の私論であり仮説です。

しかし母性愛神話から解放されるためには、このような日本的育児観の成立過程を源流にさかのぼってきちんと検証するべきではないかと考えます。

その努力なしには、これからもおそらく母性神話は生きつづけ、多くの女性を苦しめることになるでしょう。

どこからが大人？

どこまでが子どもで、どこからが大人か、これは簡単そうで案外難しい決めにくい問題です。

単純に暦年齢に準じて満何歳と決めるのがよいように思われがちですが、それは必ずしもすべてにあてはまる合理的な答えではないような気がします。

たとえば法廷などで証言する場合、いちおう何歳なら証言能力があると定められているようですが、その子どもの証言によって裁判の行方が左右されるとすれば、一律な考え方ではなく、法廷に出す前に記憶力や判断力をきちんとテストをした上で判断することのほうが合理的なやり方といえるのではないか、そうも思えます。

これは少年法のことや学校の飛び級、自動車の免許など、いろいろな場面

で問題になります。

東南アジアのある国で、かつて列車料金の大人、子どもの線引きに、文字どおり改札口に地面から一定の高さの線を引いておき、その線より子どもの背の高さが高ければ大人、低ければ子どもとしているところがあったといわれます。今もそうであるかどうかわかりませんが、子どものなかには、背すじを伸ばして大人に見せかけようとする子もいたことでしょう。なんともほほえましいかぎりですが、社会の中で大人かどうかを自分で決めることは、子どもにとって大事な経験となることなのでしょう。

アフリカのある部族の話ですが、そこは土地柄が極めてやせていて、成人した人には部族の中で過酷な農作業に従事することを義務づける原始共産制をとっているといわれています。ここでは生まれてきた子どもに、とてもこっけいな名前をつけるという、ユニークな習わしがあります。

曰く『みすぼらしいハイエナ』『踏みつぶされたナメクジ』。このような名をつけられたら日本ではたちまちいじめの対象になるでしょうが、ここではみんなが奇妙な名なのでそんなことにはなりません。

しかし、やがて成長して労働しなければならない年齢になると、子どもには自分で改名する権利が与えられ、子どもは勇んで自分が格好いいと思う名前をつけることができます。そしてその日から彼は成人となり、過酷な労働に参加する権利（？）が与えられるのです。

ここでは、大人かどうかを決めることがよいか悪いかといった倫理的なことを論じるつもりもありませんし、また、郷に入れば郷に従えといった話をしたくもありません。しかしここに述べた2つの例は、両方とも生活に即した、極めて知恵のあるやり方だと思います。それにくらべ、一見平等そうな、すべて暦年齢で量っていく現代文明というもの、そしてそれに慣れ親しんで疑問を抱かない現代の生き方を反省せざるをえないのです。

考えてみると、日本には古来から通過儀礼がたくさんあります。たとえばお七夜、お食いぞめに始まり、元服とか改名なども親が子どもの成長に合わせて用意する意味深い成人の儀式であり、このほかにも初潮の折に赤飯を炊くとか、木こりの子が一人前になったときに親が自前の鋸を与えるといった風習には、子どもを大切に育てようとする民衆の知恵がこもっているし、子どもの気持ちを尊重する気持ちがにじみ出ています。今ではそれに似た行事は一種のお祭りとして、あるいは観光的儀式という形でしか行われていません。

昨今、成人式が荒れるといわれます。大人が子どもの成人になる気持ちをしんしゃくせずに、ただ大人社会の論理を押しつけようとしても、子どもには納得がいかないのは当然です。そのことへのおもんぱかりがなく、大人の考えに従わない子どもを悪しざまにいうこと、これこそが「大人げない行為」といえるのではないでしょうか。

「君たちが言うように今の形式は意味ないかもしれない。そんなら君たちにとっての成人式ってなんだろうか」――そう言って自裁権をを彼らにゆだねることが、成人式の本来の意義にそっているといえるのではないでしょうか。

子どもにとって時間とは？

私たち大人は、たとえば誰かとおしゃべりしているとき、その話の内容をとらえるだけでなく、話を聞きながら、さっきの話、今話している話、これから何を話そうかしらと考えている話といったように、物事の順序を認識しています。

「あのころ君は若かった」ではないですが、昔を思い出してあのときはこう

だった、というように過去の時間を心の中によみがえらせることができますし、子どもの将来に思いをはせて、ああいうふうになっているだろうと想像するといったように、未来の時間を心に思い描くこともできるのです。

ところが、子どもは時間をそのように論理的に組み立てて考えることはできません。幼い子は、もっぱら自分の生理的な変化を時間のよりどころにしているといえます。

生理的時間とは体調の変化がもたらす時間感覚です。心臓の鼓動の速さなど、それぞれがもつテンポですから、たとえば食欲なら消化のスピードであったりするわけです。生理的時間の感覚は、さらに日が昇ったり夜が来たりする一日のテンポによって左右され、それゆえ赤ちゃんの生活リズムは明るくなったら目覚め、夜になると睡眠をとることが大切で、それを規則的にとる必要があるわけです。このような生理的な時間は人間以外の動物にも顕著に見られます。一般に体重が軽いほど短く、重いほど長い、つまり体重が大きいほどゆったりとしています。

人間の子どもと大人でもそうです。からだがまだ小さい子どもは、大人よりも生理的な時間が短いのです。言いかえると、子どもは生理的なテンポが速いために、まわりのテンポが相対的に遅く感じられ、心理的に時間が長く感じられるといえます。

子どもの時間認識は、話すようになった子どもの言葉の中にも見つけることができます。おおよそ1歳前後から言葉を話しはじめてから1歳半ごろまでは、「ここ」で起こったことであったり「今」起こったことであったり、直接感じることができる対象についてのみの表現に限られます。

しかしこれが2歳半ごろになると「〜したい」「〜しよう」といった、未来への願望や意図を示す言葉が出はじめます。さらに3歳ごろには「きのう」「今日」「あした」といった表現がひんぱんに使われるようになり、4歳では「〜の前に〜した」とか「〜のあとに〜する」と、現在、過去、未来への広がりを自由に話すことができるようになります。

たとえば子どもを連れて、駅で電車を待っているときを考えてください。5分後に電車が来るといったとき、子どもはママに「まだぁ? まだぁ?」と何度も聞いてくるでしょう。これは、物理的には同じ5分でも、心理的時間は大人より子どものほうが長く感じられているからなのです。このような言葉への反応を見ていても、子どもの時間に関する認識の発達を読み取ることができます。

私たち大人は、時計の時間に従って生きています。家の中には時計があり、外にもいたるところに時計があります。腕時計だってしています。

しかし、子どもははじめのうちは時間という概念がありませんから、時計の時間の影響をあまり受けずに、そのときそのときを生きています。

子どもは、たとえば公園で遊んでいるとき、ママが「もう夕暮れだから帰るよ」というと、「えー、もう帰るの?」というでしょう。それは、遊んでいるそのときを夢中になって遊んでいるから、心理的時間がものすごく短く、速く流れているように感じているからです。

〝楽しい時間はあっというま〟といわれます。大人でもそうですが、子どもの心理的時間のほうがより出来事に左右されます。つまりは「出来事時間」の中で生きているのです。言いかえれば子どもには「暇」というものがありません。今やっていることがすべてで、そのほかに注意が向きません。そのかわり移り気で、興味の焦点はつねに移り変わっていきます。

スピードが生み出す不幸

私たち人間の今置かれている不幸の原因は何か、ということを考えてみることがあります。

こんなことを考えること自体、恵まれた現代の人間の暇つぶしなのかもしれません。昔にくらべ、あるいは貧困や戦争に苦しむ人々にくらべ、今の私たちがくらべようもないくらいよい境遇にあることは認めたうえで、拭いがたい不幸感が世の中を覆っているような気がしてならない。いったいそれはなんなのでしょうか。

マーケティングの研究をしている友人がかつて、『今日では30年前にくらべて6倍のスピードで世の中が変化している。だから、昔6日で考えたことを今は1日で考えなくてはいけない』という意味のことを言っていました。考えようによっては時速50㎞の電車から300㎞の新幹線に乗りかえたようなもので、慣れてしまえばどうってことはないということになるのかもしれません。しかし人間はそう無制限に慣れてゆくことはできませんし、仕事のスピードと家庭のスピードはすでに違ってきていて、その狂いをコントロールできない人々がふえてきています。

よくいわれる落ちこぼれという現象も、もしかすると単に今いる境遇に適応できなくなるということではなく、自分の中でスピードのコントロールができなくなってきていることの表れなのかもしれないのです。そして今落ちこぼれでなくてもそのうち落ちこぼれるのではないかという潜在的不安が広く覆っているのではないかと気づくべきでしょう。

スピードについていっていると思われる人が、ある日気づくととんでもないことを犯している、そのような例を多数見聞きします。最近では特に社会の上層で目立っているようです。

《スピードについていけない症候群》の原因のひとつは、情報の入力と出力の極端なアンバランスだと思われます。入ってくる情報の量にくらべて人間の行動力はあまりに小さい。その結果、情報に対する不感症になるか、情報に縛られ身動きできなくなるという結果が生じます。行動をするための情報が行動を誤らせたり束縛することになる。人間はスピードにどこまでも耐えることができるわけではないのではないか、私にはそう思われます。

この話を子どもにあてはめてみるとどうなるでしょうか。子どもの世界は大人のように6倍のスピードということはないでしょう。でも仮に2倍になっているとすると、20歳までに40年分の情報にさらされることになります。そして情報の量に比して自分の力で行動する経験は逆に少なくなってきます。教育熱心な親、教育熱心な社会は、単に頭でっかちなスピード狂をつくっているだけなのかもしれません。

暮らしの不感症

長年育児雑誌をつくっていると、とんでもないことに出くわします。

あるお母さんが私にこういいました「うちの子は離乳食の缶詰はこれしか食べません」。それではそのほかにどのようなものを与えているのかとたずねますと、「これひとつでずっとやってきました」とお答えになります。

離乳食を与えなさいと指導されると、はいと言って実行するが、何をどのようにと考えるより、手っとり早くベビーフードなるものを探してきて、気に入ったものを1種類だけずっと与えている、そんな親が少しずつですが確実にふえているようです。

とんでもない親、無考えな親と言うことは簡単です。しかしその裏の時代風潮というものを無視していては事態は解決しません。このような親にも、じっくりと離乳食というものの意義ややり方を説明すれば、よくわかってもらえるのです。しかしあまり細かく説明すると、今度はそんな難しいこととそっぽを向かれてしまいます。

世の中全体にある種の簡便主義が蔓延しています。食生活で言えば外食産業の市場規模は30兆円、家庭で購入される食料品の総和は32・3兆円とほぼ拮抗した状態になっているそうです。１９９５年の調査で1人世帯は全世帯の25％を占めていますが、２００３年ではおそらく30％に迫る数字になっているのではないかと想像されます。３世帯にひとつが1人世帯という時代、そして仕事に遊びに忙しい時代背景を考えると、簡便な場所できあいを選

んでいく食生活はこれからもどんどん進んでいくでしょう。コンビニエンスストアやファストフードは典型的な簡便主義の表れというべきですが、食だけではなく生活全般にそんな傾向が見られます。

食材を吟味して買い求め、栄養価を減じないよう考慮しながら調理し、できたものをなるべく早く食べるといった食生活は、食品が売られるようになった何百年も前から、経験的に、つまり、特に理論的に考えなくても人々は文化として身につけてきたのです。そのような習慣の消滅はこの30〜40年ほど前から徐々に始まり、ここにきて加速化しつつあります。食べるものを作ること、それは食料の吟味から始まり調理の終わりまで、人間の目によって守られていなければなりませんが、ややもすれば現在は、ボタンを押すことで食べ物らしいものが出てくる生活に変わりつつあるように思われるのです。それはロボットの文化であっても人間の文化であるとはいえないのではないでしょうか。

子どもの食生活の乱れをうんぬんする前に大人の食生活を、その前に食産業の構造や、ひとり暮らしの健康対策をみつめ直すことが必要です。しかしさらに必要なのは小さいときからの食教育のあり方を考え直すということです。ということは今育児をしようとしている親ではなく、これから大人になっていく小・中学生から始める大がかりなプランが不可欠になってきます。

食の安全性について世を憂えることはたしかに大事なことですが、それだけでは何も変わりません。子ども時代から、自分たちが健康で幸福な暮らしを営んでいくことがいかに楽しく、しかも家庭と社会にとって重要なことであるか、自分を大切に生きることがひいては社会の幸せにどうつながるか、そうしたことをきちっと教えることのできない社会は、やがて子どもに見放されてしまうでしょう。

国を愛する教育が問題になっているようですが、それどころの話ではないのです。

もうひとつの少子化要因

子どもがあまり生まれなくなり、少子高齢化が問われるようになってかなりの年月がたちます。少子化の原因究明についても論点はほとんど出つくしたかのように思われます。何が原因であったかそのことをいくら論じても、子どもの減る直接の要因である合計特殊出生率（出生可能な年代の女性が生涯に出産する子ども数、2・2を切ると出生数が減少に転ずるといわれる）が昭和40年ごろから40年以上にわたって下がりっぱなしであった現実をかえることにはならないでしょう。

この約50年のあいだ、実際に3人欲しいと希望しながら、現実には2人がやっとという現状を考えれば、この先何十年かのあいだに人口の増加を望むことはほとんど絶望的だと考えるべきでしょう。保育園をふやすとか児童手当をふやすといった目先の改善では、潮流を変えることは不可能なのです。今までと違った視点から少子化の原因を考えられないものでしょうか。

太平洋戦争を境にして大きく変わったもののひとつに「住宅」があります。戦前は中流階級でも借家が比較的安く入手でき、一戸の間取りも比較的ゆったりしていました。もちろんそのような住宅を享受できるサラリーマン世帯は、都会でもそれほど多くはなかったし、庶民の生活水準はさらに低く、住宅事情などはさらに悪く、6畳に5～6人が寝起きするなどあたりまえという家が少なくありませんでした。

しかも、当時子どもの数も今より多かったたし、祖父母をはじめ同居人もおり、

それらが狭いスペースをなんとか有効に利用しあう知恵を出しあって寝起きしていたというのが実情でした。

戦後そのような事情は一変しました。都会、特に首都圏の都市部は丸焼け状態で、地方から職を求めてやってくる就職難民もあって極端な住宅難。そして建設費の高騰のため、自前で建てる家はほとんどがバラックと呼ばれるようなひと間きりの住宅であり、さらにアパートと呼ばれる共同の小住宅では小さな部屋とそれに付随する炊事設備のスペースのみで、洗面や便所は多くが共同スペースでした。

このような状況にあって2DKの団地が憧れの的となり標準化していったのも当然のことです。そのスペースから祖父母やその他の同居人は締め出され、核家族が出現し、子どもを抱えた両親が2人で家事育児を分担し、子守りとかお手伝いといった存在は極端にぜいたくなものとして消え去ってゆきました。

特に東京のような巨大都市では、そこで働く人々の居住圏は他府県にまで広がって、職場から1時間半かかる地域まで拡散されてゆきました。新しくできたこれらの衛星都市は団地を中心として構成され、好むと好まざるとにかかわらずまったく新しい生き方を強いられることになりました。

団地の出現はこれまでの地縁的社会を変貌させ、そこに住む人々はさまざまな文化的機器にとり囲まれて一見住みやすそうに見える団地と会社とを往復することだけで生活を送ることになっていったのです。新しい穴居民の登場です。

このことは、その後の日本人の生活を決定的に変えてゆく、2つの大きな生活革命と無縁ではありません。ひとつは家族制度の改変、もうひとつは家庭電器の進歩にともなう生活革命であり、消費マインドの革命でした。これら2つの変化が育児を決定的に変化させていったのです。高度成長期、私たちの生活は新しいものの出現によって絶えず揺さぶられつづける時代でした。

これはある意味で産業による文化侵略でした。文化の侵略は人々の暮らし

を豊かに利便にするという形で訪れます。人々の潜在的な欲望を満たすという形で訪れるのです。そのため結果として自分の生活のファンダメンタルな部分がいつのまにか侵食されていっていることに気づきません。気づく前に意識のほうが変わってしまっています。しかもこのような侵略には限度がなく、際限なく破壊と建設とが繰り返され、そのために人間の欲望も肥大化してゆくのです。気がつくと自分は見知らぬ町にいて、かつて夢見ていたほんの小さな希望が手の届かぬところにいってしまったことを悟るのです。

これが現代だ、私たちはこのような世の中に適応しながら生きるしかないのかもしれません。ひとりの人間が都会で生きていくのに今ほど楽な時代はない。そのかわり我々は親子して地域に暮らしていくやさしい社会を失ってしまったといえるでしょう。三世代が仲よく暮らしていく意識や努力が失われてしまったのです。

出産や育児はあくまで自然の営みです。この言葉は繁殖や育雛という言葉と本質的に変わらない言葉です。これが阻害されつつあることは人間という種の生態系が阻害されているということに他なりません。単に若者が結婚する意思をなくしているとか、生殖機能が減衰しているとか、社会福祉がないといった瑣末なこと（ここではあえて瑣末という言葉を使わせていただきますが）――それらをいくら寄せ集め、臨床的に解決しようとしても、少子化という生態系を揺すぶるような問題に切りこんでいくことはできません。

とすれば何が有効なのか。今考えるべきは「物が人間に及ぼす力」の再認識と上手な活用ということではないでしょうか。グローバルな意味での環境が今見直されていますが、人間関係や暮らしのシステムへの環境的意識はまだまだです。物を作る側の産業や、それを消費していく側の生活者がこういった意識を高めていくことが、迂遠のように見えても目標に近づく大道ではないか、私にはそう思えます。

人間が人間らしく生きることにやさしい社会とは、はたして何か。それが今こそ問われなければなりません。

人間は脳に何を求めるのか

「妊娠中に火事を見ると生まれた赤ちゃんに赤いあざが出る」――こんな話を聞いたことはありませんか。このような妊娠中の生活上の注意は胎教といわれ、ほとんど江戸時代に生まれています。

明治以降、西洋医学が主流になるにつけ、民間伝承のような考え方は少しずつ影をひそめていきましたが、それでも戦争前までは一般的に生きつづけていました。戦後になると、家制度の解体で祖父母世代からの伝承が絶えたこともあり、胎教は迷信であるとして退けられることが徐々に多くなっていきました。

しかし、その後も科学の皮をかぶった新しい迷信が生まれるようになりました。「妊娠中によい音楽を聞くと胎児の情緒的発達によい」とか「お母さんが胎児に話しかけていると、生まれてからの親子関係がうまくいき、心身の発達に役立つ」「妊娠中に頭脳の発達によいとされる栄養をとるとよい」といった新しい胎教が生まれて親を迷わすようになりました。

日本人が頭脳をよくするということを考えるようになったのは、もともと戦争が終わってから、日本が取り組んだ政策が産業立国であり、頭脳立国だったからだといえるでしょう。そのためには農林水産業といった第一次産業から、重工業から軽工業へと転換しつつ、時代に即した産業戦士を養成しなくてはなりません。テクノロジーの世界への人間づくりが急がれ、頭がよいという言葉が、親の心にも深く刻みつけられていくようになりました。

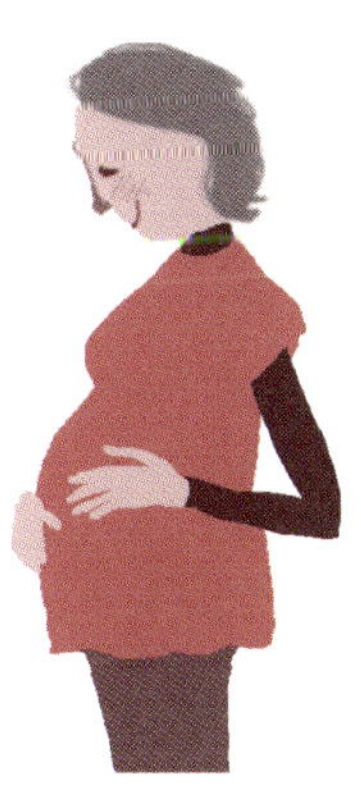

そして時代が変わるとともに、第三次産業が次々に開花していったのです。このような時代のニーズにこたえるためには、産業戦士たちはテクノクラートをめざすことが何よりの近道でした。

'60年代に入ると、どんな子どもでも頭をよくしてよい学校に入れ、社会人として成功させようとする風潮が急激にふえるようになりました。

しかし、その結果としておもしろい現象が起こってきました。それは主として親の悩みだといってよいかもしれません。

「教育は受けさせたいが、子どもがどうなってほしいのか未来をイメージできない」

「子どもが生きてゆくため、どのような動機づけをすべきかアドバイスできない」

伝統的な親の役割とされていた、子どもが世の中に出るための指導やアドバイスが、まったく発揮できなくなってしまったのです。ただ、頭のいい子に育てる、いい学校に入れるということだけがひとり歩きしてゆくようになっていきました。

頭がいいとはいったいどういうことをさすのか、学力とは何をいうのか、知能とは大脳皮質だけに由来しているものなのか、ほとんどわかっていません。また、ある知識が乳幼児の頭脳にインプットされることは、ほかのものがインプットされることに障害になるのか、インプットしたいものしたくないものを選別して与えることができるのか、さらにそのような操作は子どもの自発性にどのような影響を与えるのか。こうしたことについてしっかりした意見をもっているとはいいがたいのです。

このことは、子育てに携わる人たち、親、保育者、教師、子育て支援の人たちにとっても重大なことです。

脳科学の応用はというと、現代の花形であるテクノクラートやエリートサラリーマン、さらにはそれら科学技術者を育てることへの志向のみが極端に強く、社会や教育自体もそこに焦点を合わせることに終始しています。そのため、生きるために必要な価値観やそれにともなう生活、あるいはその他の道への志向はどんどん少なくなっています。こうした一元化した価値観に基づき、生き方の幅が狭くなる競争社会で、子育てや教育、あるいは生活は何をめざせばいいのでしょうか。

おそらく大脳の機能がある程度わかり、その機能性を高める方法に多少めどがついたとしても、これからの世の中で人間が幸せを得る方向に向かうことは、これまで以上に難しいことになると思われます。

その理由として私は、科学の進歩には人間に利便を提供する面と、人間の生き方を左右するという両面があって、今はむしろ、生き方に対してマイナスに働く要因がより色濃く出ているのではないかと考えています。

科学は人々に豊富な選択肢を提供してくれます。しかし、その選択肢を選び取るためにさらに学力やら才能が必要となり、科学の恩恵をこうむる人々は「選ばれた人」になってしまいます。その一方で、生きる価値を見失い、落ちこぼれ、ひきこもり、ニートといわれる、いわれなき言葉におびえる子どもも増大しつつあります。

落ちこぼれや偏差値に悩まされる親、子どもに、彼らが大手を振って行動できる考え方やシステムを提供できなければ、教育は格差を生み出す道具となってしまうでしょう。

人間の脳は迷うために存在する

脳科学ばやりです。〈脳が強くなる〉〈脳を育てる〉といった本が氾濫しています。テレビをつけると、やはり知識をつけたり、賢い生き方についての報道があふれています。それは脳科学といわれる〈科学〉に裏づけられているかのように演出されています。

とにかく、私たちは脳とか心について好奇心を働かせるのが好きです。ところが往々にして、人は心を持て余すことも多いのです。人から頭でっかちとか、理屈っぽいなどといわれて悩んだり、自分の心が相反する2つの結論の前に行動できなくなることは日常よくあることです。「忠ならんと欲すれば孝ならず」など人生の大問題に悩むこともあれば、食べたい、けど、やせたい、という日常の悩みまで、悩みは人間の性だといえるかもしれません。

そんなつまらないことを思い悩むな、もっと大事なことがあるだろう。考えるより行動したら…。でも人間は迷いや悩みという高次の精神行動が生まれつき備わった動物なのです。

〈人間の脳は迷うために存在する〉とは養老孟司さんが今から20年も前に『赤ちゃんとママ』に執筆した記事からの引用です。

脳が発達していない動物では、刺激への対応は身体の局所に点在している神経組織が受けとめ、反射的に一対一の対応をする、つまりひとつの刺激に対してひとつの反応が生まれるという働きをします。生まれてすぐの赤ちゃんは同じように反射によって活動しています。言いかえればそれは迷いがな

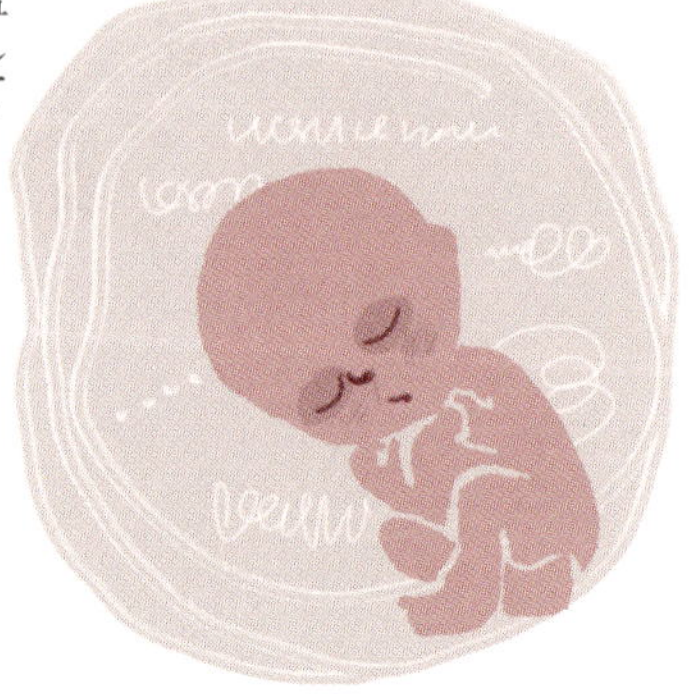

いということです。

人間だけがとりわけ発達した大脳皮質という脳の部分では、さまざまな刺激が脳内に入ってくると、それを過去の情報と比較分析したり、さらにはどう受けとめるか判断して行動する、複雑な仕事をしています。赤ちゃんの脳が発達してゆくということは、このような情報を受け渡してゆくための配線が発達してゆくことにほかなりません。配線のつながりがうまくできるかどうかは、生まれてからの経験と試行錯誤によるところが大きいのです。

さて、それでは脳を育てるとはどういうことか、それはやっぱり教育でしょう――そういう考えをもつ方が大多数です。迷いもなくそう考えてしまうのはあなたの脳がすでにそのように配線されているからです。すでに洗脳されているというべきかもしれません。

赤ちゃんはお母さんが教育しようと考えるずっと前から、自分自身で学習しています。ずっと前とはどのくらい前かということになりそうですね。その答えは胎児のときからです。

超音波画像でのぞいた赤ちゃんの顔は何か考え深げに見えませんか。それはともかく、赤ちゃんは胎内環境からいろいろなものを受け取っているといわれます。たとえば羊水（子宮の中の水分）に特殊な装置を使って甘い味をつけると、赤ちゃんの身体はそれを飲んで、明らかに反応を起こします。視覚や聴覚は子宮内ではそれほど活躍しませんが、外界の明るさや音響をおぼろげながら認識しているそうです。ここまで書いていくと、お母さんの中には、赤ちゃんってどんなことを感じ、どんな生活をしているか興味がわいてくる方もいることでしょう。

私は研究家ではないのでそれを調べるすべは持ち合わせませんが、いろいろ想像してみることはできます。たとえば赤ちゃんは自分が住んでいる子宮の広さを、手や足でさわって学習することができるのではないか…、自分が大きくなるにつれ、子宮が少しずつ狭くなっていくことを学んでいくのではないか…。赤ちゃんは自分が大きくなって子宮環境が生存に適さなくなってくると、自分から発信して分娩を促すといわれますが、そのためにも子宮の広さを把握しているのではないかとさえ思われるのです。

赤ちゃんは大人が考えるよりずっと、たくさん学習しています。生まれてからはなおさら、五感を使ってまわりの環境から学習しています。このような学習を自己形成といいますが、自分の手足をしゃぶることからお母さんを見つめること、すべてが自己形成なのです。寝ているとき以外、すべてが学習の時間といってよいでしょう。

電車などで、赤ちゃんがこちらを見ているとき、その眸の力に思わずたじろぐことがあります。そのときこちらがほほえむと、向こうもにこっとすることがありますが、またこちらをじっと凝視するのです。それはまるで哲学者の目のようです。赤ちゃんは考える人、哲学者なのです。

どうせ大したことを考えているわけじゃなし、といわれればまったくそのとおりで、意味のあることを考えるというより、何かを感じているといったほうがよいのかもしれません。赤ちゃんはお母さんの言っていることはわかりませんが、お母さんの気持ちや気分はよくわかっています。

赤ちゃんはただ考えたり感じたりするだけではなく、自分から相手に対して働きかけを行っています。それは前述の凝視であったり、アーとかウーといった言葉であったり、あるいは手ぶりやその他の動きであったりします。それに対する応答からも、赤ちゃんは学んでいるのです。心理学ではこれを相互作用などと難しい言葉で表現していますが、この相互作用から、赤ちゃんは試行錯誤という大事な経験を積み、自分の世界と相手の世界を学んでゆきます。

心育てというのは、こう考えてくると、赤ちゃんが自分の世界をつくろうとしているときにはおせっかいをせず、こちらにかかわりを望んでいるときには、全力で受けとめこたえてあげることにつきるのではないでしょうか。しかし現実には、おかあさんはどうもその反対をしているように見えます。赤ちゃんがじっとしていると、赤ちゃんが理解できないから不安になって声をかけるとか、まとわりついてくると、邪魔に感じてそっけない対応をするとか、そうなってしまうのは、お母さん側に子どもってこんなものという情報ばかりが入りこんで、理解しようという好奇心がない、あるいは赤ちゃんほど好奇心が強くないから、さらにいうなら、子どものような試行錯誤をする勇気がないからではないでしょうか。

大人から見ればまったく無駄な、意味のない行動も、子どもにとっては知的な冒険なのでしょう。何回も何回もやり直して納得にたどり着くことが、自己形成にいちばん大切なことだと考えてください。

子どもの才能について

はじめに、明治の偉大な先覚者であった福沢諭吉についてお話ししましょう。福沢諭吉は早熟の天才のように思われています。彼が慶應大学の創始者であること、1万円札に描かれた人物であることは、知っている方も多いと思いますが、彼が慶應義塾を創始したのが34歳のときだということを知っている人は少ないでしょう。しかも彼の34歳までの足跡はさらにドラマチックなものなのです。

彼は1834年、中津藩の大阪屋敷で福沢百助という下級武士の次男として生まれました。

父親の百助は儒学者でしたが、大阪屋敷では事務方の仕事に携わっていました。しかし百助は諭吉が1歳半のときに亡くなり、彼は一家とともに中津

に帰ることになります。

家は儒者でしたから、兄の三乃助は漢学の道に進みましたが、諭吉は儒教の「孝悌忠信」といった価値観をもたず、神社の御札をおもちゃにしたり、神社でいたずらをしたりする、今でいう悪がきだったようです。むしろ畳の張りかえや障子張りなどをこなすなど、世知にたけたたくましい子どもでした。

しかし14歳になると学問に目覚めて、儒学を学び、武術にも精を出し免許皆伝を得るまでになります。そして20歳のとき、藩の要請で砲術を学ぶため長崎に遊学することになります。諭吉の社会へのスタートでした。長崎ではオランダ流砲術を学ぶかたわら、オランダ通詞からオランダ語を習い、翻訳や鉄砲の設計図を引くことまでマスターしたといわれます。

諭吉の次の転機は、長崎遊学の中止にともない、さらに蘭学を学ぶため大阪へ行き、緒方洪庵の適塾に入ったことでした。

彼はここで医学だけでなく、オランダの原書を頼りに化学、物理の実験を試みたり、アンモニアやヨジウムの製造を行っています。そして22歳で適塾の塾頭となります。彼の転進はとどまるところを知らず、翌年には江戸に出て蘭学塾を開くとともに、これからは英語の時代だと信じ英語を習うことを始めます。

1860年彼は日本の通商使節団の一員、木村攝津守の従者として咸臨丸に乗りこみ、アメリカを視察し、見聞を広げることになります。21歳のことでした。27歳で結婚、幕臣となり、さらには遣欧使節に加わり、幕府外交にひと役買うことになります。さらには『西洋事情』を著し、西洋諸国の理化学・機械学・病院・銀行・郵便・徴兵・選挙・議会のシステムなど広汎にわたる知識の啓蒙に努めました。

彼が新生日本の一翼を担い、世界に向かって日本を開く活動を行ったのは20歳から34歳までで、34歳に慶應義塾（後の慶應大学）を創始したわけですから、そのスピードから考えれば、早熟というレッテルはそぐわしいといえ

るかもしれません。

　しかし、彼は15歳ぐらいまでは勉学を軽んじ、秩序を守らない、むしろ封建的な社会にあっては持て余しもの、問題児であったというべきでしょう。諭吉はなぜ15歳にして勉学に目覚めたか、そしていったん勉学に目覚めると、ありとあらゆることに好奇心を働かせた原動力はなんであったのでしょうか。

　それは若い感性を突き動かす時代の風潮があったからかもしれません。ともすればはみ出しがちな彼の心をしっかり受けとめる温かい家があったからかもしれません。しかし彼自身のなかに独立心をつくり、モチベーションを培い、それらを行動に移す意志の力を育てたのは、ほかならぬ彼自身の心であったといえるのではないでしょうか。さらにはわずか5～6年のあいだに儒学、蘭学、砲術学、医学、理化学へと広がる考究心を満たしたという点で、考え方を考えるという点で天才といいうるのかもしれません。

　それらを培ったのは彼を取り巻く環境のすべてであって、けっして天才は人為的につくり出すことのできないものなのでしょう。

　今は教育の時代といわれます。知識を身につけ、事象に合わせてそれを分析し判断する能力が求められる時代です。教育はそれにそってシステム化されています。このような教育からは、自分の考えを創造したり推し進めたりすることは難しい。しかし、それでも親は子どもの才能を伸ばすための最適解を求めようとします。

　そして、ごく限られた能力や技術については、ある程度指導によって伸ばすことができるということが、経験的にわかっています。さらに実際に効果が上がっていることも明らかにされています。しかも音楽であるとか、スポーツなど限られた能力については、あまり遅くから始めたのでは期待したほど伸びないということもいわれていますから、ますます教育熱が加熱していきます。日本の児童の学力が下がっているといわれれば、できるだけ早くから教育をという考え方に傾くのが、今の日本人によく見られがちな傾向かもしれません。

今、「学力の低下」が問題視されていますが、欧米では学力とは学ぶ力のこと、知識をどのくらいもっているかではなく、学ぼうとすることに対してどのくらい意欲をもつか、能力をもつかということなのだそうです。諭吉は本当の意味で学力を身につけていたんでしょうね。諭吉の学力は、幼いころの野山の遊びによって培われたものかもしれません。

ちなみにデンマークの小学校では学びの原則は遊びだそうです。

ヘンな時代のヘンな育児

子どもがヘンになってきたといわれます。いや、おかしくなったのは親のほうだ、父のあり方、母親の育児にこそ問題があるのだ、育児そのものがおかしくなってきた、育児が今の時代にそぐわなくなってきた、というのです。そんな議論がバブルの崩壊以前から、社会のさまざまな層でささやかれるようになってきました。

高度成長期にさまざまな社会構造が変化してゆくなかで、育児だけはひとり超然とそのままの状態でありつづけていました。人類が誕生してからこのかた長い年月を通して培われてきた育児文化は、そう簡単に変わるものではないし、変わってはならないものだ、という暗黙の認識が社会の底流にあって、それは社会構造の変化が起こっても、社会とそれほど矛盾なく両立するであろうと、半ば信じられてきたのです。それは親子のありようは個々の生き方に属するか、せいぜい広がっても狭い地域共同体の中での不文律のようなも

のだったからです。

しかし、戦後、20～30年のあいだに社会のあり方に変化が起こったのと同時に、生活のあり方も変わり、家のあり方にも大きな変革が起こりました。育児も技術的な面では大きく変わっていきました。しかし、育児の文化的側面、特に親子のあり方や意識にははっきりした変革は起こらず、少しずつぐずぐずとくずれていったように、私には思われます。

このようにして、過去の育児観が残像のように生きながらえてきたのは、ひとつには子育ての文化そのものが個人的・家庭的な範疇に属するものだという、これまでの考え方にとらわれていたからでしょう。おそらく戦後の変革がこれほどまでに、家庭や地域社会、個人生活を破壊し変貌させせなければ、歴史的な親子関係はまだまだ命脈を保っていたかもしれません。戦前の家々に残っていた家々の育児のしきたりは、高度成長の嵐のなかでしだいに姿を消し、それらは大衆社会のなかに拡散にされて、切れ切れに浮遊してゆきました。そして、一方ではこのような状況を憂い、昔の家制度や生き方を復活しようと願う人々も出現しています。

私たちの家庭、そして地域社会は新しい文化も育たぬまま空洞化していった、そこに今日の子育て社会の問題があるように思われます。

世の中はすべて一様のスピードで変化するわけではなく、変わりやすいもの、変わりにくいものの違いがねじれ現象を起こします。この50年間の社会のねじれによって、子ども、親、あるいは学校等にさまざまな臨床的な問題が生じました。いじめや校内暴力、家庭内暴力もそのひとつでしたが、それらは社会的構造に根ざした根本的な矛盾であったにもかかわらず、その解消に向かうことなく、あくまで個別の問題として臨床的に処理され、せいぜい母原病とか育児ノイローゼ、父親不在など、矮小化された問題にとどめられて処理されてきました。

高度成長を支える考え方とそのころの育児の考え方とは、当時でも大きな矛盾を内包していて、それが現実の子育てにいろいろな意味でねじれやゆがみを生じさせてきました。しかし、まず豊かさを追求することによってその先に幸福な未来があると信じてきた人、信じさせてきた人は、育児よりも先にまず豊かさが前提となると考え、経済的成長を何より優先させてきました。

結果的にそれが高度成長、バブル崩壊へと進む私たち社会の後押しをすることにつながっていった——育児とつながる仕事に携わりながら、そのことについてあえて警鐘を打ち鳴らすのが遅れたことへの反省をこめて、私は今そう考えています。

もちろん、そんななかで育児関係者は、自分たちの分野から子どもたちの幸せを願い多大の努力を払ってきました。基礎的な研究でも臨床的な問題でも、それなりの効果をあげ、発育発達や医学的側面ではかなりの成果をあげてきました。

しかし今になって考えてみると、その努力こそが、バブルの崩壊に続くこれまでの道のりのなかで、育児も同じように構造的破局を迎えることになったし、社会全体の崩壊に対してその原因の一端を担ったことは疑いがありません。今ここにいる子を助けようとする育児関係者の努力が、皮肉にも今はいささかか見当はずれの「育児かくあるべし」とする育児観を永らえさせて、何かが違うと思いながら、今ここにきている、そう感じられるのです。

今から思うと「社会が富み、豊かになることが万民の幸福を生み出す」とする経済立国の思潮を、ある時点で総点検することが必要だったのでしょう。もしかするとこれからの社会のあり方について、子どもの育つ社会を中核に据えたグランドデザインが必要だったのかもしれません。

飴と鞭のように戦後の私たちを縛りつづけ、生活を肥大化させた経済成長神話は、残念ながら私たちの飢餓感をなくすどころか、成長とともにむしろ増大させてきたといえます。

つまり豊かさと幸福は同義ではないということなのですが、それに気がつくのに50年の歳月が必要であったといえましょう。

戦後日本の支配層が築き上げてきた社会のシステムは、世界の激動をよそに、それがくずれることは絶対ありえない、それこそが非常事態であるかのように信じこまれていました。しかしこの世界的社会流動のなかで日本のみが崩れることなく同じカタチを維持してきたことのほうが異常な状態であったといえるのかもしれません。世界が生々流転してゆくなか、日本が一定の体制を維持してきたことは、逆に考えれば、その内部に大きな変革のエネルギーをためこんでしまったのだと見るべきではないでしょうか。これまでの世界の歴史に照らして日本の現在を眺めるとき、今がそのカタストロフィーの時期だと考えることが妥当であるとさえ思えてきます。

　こう考えるとき、子どもがヘンに見えるのは、この50年間に社会のシステムや時代そのものが変化した、というよりヘンになってきたためであり、社会を映す鏡としてそれが子どもに反映されていると考えるべきでしょう。

　今、私たちが抱えている不安や疲労や挫折感は、豊かになることに急ぎすぎ、暮らしや家庭に目くばりできなかった一世代前の人々の轍を踏まぬようにという警告であり、さらに子どもたちにしわ寄せがいかないよう考えるようすがになることを、私は念じています。

さまざまな倫理的尺度

前の話を受けて――、子ども、あるいは若者は本当に悪くなったのでしょうか。

よいか悪いかを決めるためには倫理的尺度が必要ですが、倫理的な尺度は時代によって変化するものが多いのです。たとえば江戸時代にふんどしひとつで表を歩いたとしても、立ち小便したとしても大目に見られていました。そんな昔のことを例にとらなくても、50年前にはタバコを吸うことは誰はばかることもなくあたりまえのことでした。それが今では違います。倫理的規範は時代が変化することによって変化していかなければいけません。いいかえれば倫理規範が硬直化していては時代は変化できないのです。

だから変化を求めようとする人と、変化を認めない人とのあいだで大きな摩擦が起こるのは当然です。特に最近のように新しいモノやコトの出現で大きな変化が立て続けに起こる時代では、生活や意識はつねに揺さぶられ、私たちの倫理観は脅かされつづけます。そして、無意識のうちに少しずつ変化させられていきます。

終戦から高度成長期の終わりにかけて、産業や地方自治体などに働く人たちにとって、経営合理化や技術革新などが大きなテーマとなり、働く人の倫理的尺度が大きく変化してゆきました。ここでは世代間でのギャップがクローズアップされました。さらにバブル成長期にかけて、家庭生活のなかに倫理尺度の変化が見られるようになりました。そこでは男女間、家族内部の倫理観の差異や、生命観のずれが少しずつ起こってきたのです。

こうした倫理観のずれは、それぞれがからみ合って、またたくうちに社会全体を覆うようになっていきました。

しかしなかには変化を受け入れられなくて、自分だけが取り残されるように感じる人もたくさん出てきます。これは大人にも子どもにも同じように起こる現象です。若者は大人の倫理観に矛盾を感じますから、それまでの倫理観全体を否定しがちですし、大人世代は若い世代がつくり上げようとするものが不安で、自分たちがよしとする倫理観を押しつけようとします。その変化がよいものか悪いものかその判断はともかく、気になることは事実なのでしょう。

このような価値観の違いにどのくらい寛容になれるか、自分の価値観は保持しながら、相手の価値観を尊重できるか、世代間の問題で考えるなら、それは私たち大人たちが次代というものをどのように考えるかにかかっているのではないでしょうか。

『木を植えた男』という絵本があります。子どもたちにも若者にも人気のある絵本です。しかし現実の生活のなかで、そこに描かれているように未来に目を向ける大人はずいぶん少なくなってきています。未来よりも現実を考えるのが大人であって、大人は未来に目を向けることにまぶしさを感じるようになっているのではないか、私はときどきそう感じます。

もしそうした大人が子どもたちに未来を用意してやろうと考えるとき、それは大人の未来を押しつけることであり、子どもたちから彼らの未来を奪うことになってしまうのではないでしょうか。

木を植えるだけでなく、何年たったら木を切ってどのように使うかまできっちり指定してしまうのが今のやり方で、それが無意味になる確率が高いことにはあまり考えが向かないのです。さらにそれは今始まったことではなく、もう20～30年も前から始まっているような気がします。確たる証拠があるわけではありませんが、そう思わせるような事象を目にすることが多くなりま

した。苦しくつらいことですが、子どもを信じて未来を子どもに託する、なんの制約もなく差し出すということも大事なのではないでしょうか。

かつて私たちは焼け野原の中で黙々と働く大人たちを見ながら、それでも自由で希望を抱きながら青春時代を過ごしてきました。そこでは得たものも多かったし、失ってしまったことも多かったのです。大人になるにつれ、自分の人生の中の得失に思いをはせ、ときには帳尻を合わせようとするのも無理からぬことかもしれません。しかし、これもまたそれぞれの人生、誰に強いられたものでもない、それが自分の時代であったという気持ちもないわけではない――そう思います。ですから今の子どもや若者が、あれが私たちの時代であったと懐かしく振り返る時代をもつことが彼らにとって大切なのではないでしょうか。

子どもが少なくなり、年寄りばかりが多くなった社会。そのような社会を子どもたちの側から見れば、どのようなものに映るのか、そのことについての意見は誰も述べようとしません。私も今やれっきとした年寄りですから、自分たちのような老人が若者の仲間に混じったら、どんなに居ごごちが悪いかと想像することがあります。しかし逆に老いても生きのいい老人たちのなかに若者が入ったら、何倍も居ごごちが悪いのではないかとも思います。

社会の人口構成はよっぽどのことがないかぎり、年をとるにつれて少なくなるピラミッド型になるのですが、今、そのよっぽどのことが起こってしまっています。普通のピラミッド型の社会では、少なくなったお年寄りは過酷な社会を生き延びて、次代を育ててきたのですから、とりあえずは尊重されます。それに対して子どものほうはがんがん生まれてくるのですから、少しぐらい手をかけなくても文句はいいません。ほっぽらかされようと、冷や飯食いになろうとそれもまた人生だし、だからといってぐれるということもなく、ほとんどが自由に育ってきたものでした。いつの時代の話といっても、たかだか50年ほど前まではそうでした。実は50年前といえば私がようやく成人になったころのことで、私をはじめ同年代の人々がよい時代だったと、今になっ

て思っている、まさにそのころです。そしてそのころ、私たちは封建的な年寄りがいう「このごろの餓鬼は」という言葉を尻目に、焼け跡の広場で遊び、アプレゲールを気取って青春を謳歌していました。

あれから50年、事態はまったく変化してしまいました。今の年寄りは老人公害と陰口をきかれながら、今の若者はと小言をいい、世を憂えています。ただ、その声は昔の老人の声と違ってあまりにも大声でやかましく聞こえます。昔なら50年も生きれば人生の何たるかがわかり、諦念も生まれますが、この変化の多い今日ではまだまだ惑いも多く未熟さを感じる年齢であり、元気な70歳代80歳代の私たち老人からは小僧っ子あつかいされてしまいます。なお悪いことにそうした声は順ぐりに増幅され、若い年齢層に浴びせかけられます。居ごごちが悪いと申し上げたのはそういうことなのです。若い者からは居ごごちの悪い社会、そして歳を取った者にはあきらめにくい社会、これが今の現状です。

このような社会の中で、実は私たち年寄りたちも困っているのです。譲りたくても譲る席がない、本当は元気なお年寄りほど若者に席を譲るべきなのかもしれません。

それはもう親とか家庭、あるいは学校といった狭い範囲のことだけではなく、文明や時代というものにかかわる大きな問題ではないか、ということに私はふれたかったのです。

私たちひとりひとりの瞳に何が映っているのか、それをお互いに見極めることから、次世代は始まるのではないか、若者の瞳は我々や社会を映し出す鏡であるだけでなく、そこには未来をも映し出しているのではないでしょうか。私が尊敬していた内藤寿七郎先生（小児科医）は、「まなかいの育児」という言葉を教えてくれました。そのことばを通して、先生は目を見つめることの大事さをいいたかったのではないか、私は今、まなかい――見つめ合う、という言葉をかみしめています。

子どもにかかってきている制度疲労

高度成長がもたらした社会の変化は、必ずしもよい変化だけでなく、さまざまな社会システムに制度疲労を蓄積してきました。それらは個人の生活に重くのしかかっています。教育もそのひとつです。

いまから64年前にでき上がった6・3・3・4といわれる学制は、たびたび改正が促されていましたが、今ではある意味で空洞化が進んできていて、学びの心を生み出す力を失っています。また、子どもを囲いこもうとした考え方は、多くの公園を造り出しましたが、公園は子どもの自己形成のための空間とはなりえず、大人の意のままに子どもを操作するための空間となっています。

大多数の学生が大学まで進学する一方、学校はその間子どもたちを学園生活に縛りつけておく管理体制そのものとなり、多くの子どもたちに勉学意欲を失わせ、システムにそって生きる受け身の子どもたちをふやす結果をもたらしています。学力低下、学級崩壊、不登校の増加はその顕著な表れと見るべきでしょう。

本来、学問とは学習したいと考える側、個人個人の自発的で自主的考えに属すべきものです。教育は学問をする心を育てるためにのみ、大きな意義があるのです。ところが明治以来の公教育の考えには、教育立国の考えが色濃くあって、国民全体のボトムアップと同時に、エリートの養成により世界に

伍す人材を輩出することに比重がかかっていました。それはこれまでの身分社会を壊し、ある種の平等観を社会に植えつけようとするためには大切な施策であったかもしれませんが、ともすれば学歴偏重、有名校偏重につながり、別な形での身分社会を形成する危険をはらんでいました。官僚の社会、教育の社会、学校社会をはじめ、本来自由であるべき芸術の面でも、教える教わるといった関係を軸にタテ社会が形成され、極めて日本的な秩序を構成していました。しかしこのような教育システムも、20世紀が生んだ資本主義の技術的社会の行きづまりとともに破綻を見せるようになったのです。

学校をはじめ子どもを取り巻く環境の機能不全、荒廃は子どもを学校に通わせる親の不安を増幅させます。落ちこぼれは子どもの問題ではなく親の問題になっています。その結果、小さいときから有名私立の一貫教育校にならわせる親が逆に多くなっています。

もっとも親の不安というのはこれだけではありません。社会のあらゆる面が競争社会となっています。あたりまえのことではないか、競争は昔から人間社会にはつきものではないか、と反論される方もあるでしょう。しかし、現代の競争は昔のものとはまったく違う様相を呈しています。本当に実力を評価される社会というよりも、ある意味の資格を得ることでアドバンテージを得る社会といってもよいのかもしれません。

親自身がこのような擬似的な競争社会に浸っていますから、子どもにもよりよいアドバンテージを与えようとして頑張ります。その行き着く先は早期教育であり、才能教育です。

会社員は会社員で競争し、会社は会社で競争し、地方は地方で競争し、国は国で競争しています。いまやすべての人々がなんらかのカタチで競争しているか、競争に巻きこまれているのが現状です。

極端なことをいえば、母親も子どもの教育という名の競争をしています。競争社会の歯車に組みこまれると、競争していることにさえ人々は気がつかなくなってきます。無意識のなかで、ドロップアウトさせられることだけが気がかりになるのです。このハイスピードの電車から降りること自体、家庭全体の破壊につながりかねません。

子どもに向けられた親のまなざしは、学校に向けられるとき、そのままモンスターペアレンツのまなざしに変わります。

不安のなかでは親は子どもを見守ることができません。不安というマイナスのイメージを打ち消すため、プラス願望に走り、期待を抱き、なにかにつけて手をかけようとします。

自分や子どもにポジティブ・イメージをもつことができない——そんな状況では子どもに対する愛情は育ちにくく、願望が達せられないと（ほとんど達せられないのが実情ですが）、愛情の裏返しの憎しみが生まれてきます。また、不安から逃避したいために、育児以外のことに関心を寄せ、子育てに興味が向かない親もいます。これらは今増大しつつある幼児虐待の根底にひそむ心理のひとつなのかもしれません。

格差社会はこうしてでき上がってゆく

戦後になって民主主義が導入され、人々の意識は変わったかのように見えましたが、行動様式はほとんど変わらず、タテ社会の構造はまったく変わりませんでした。意識と行動様式の背反が旧世代と新世代の対立に拍車をかけ、

断絶を大きくする原因となっています。世代間の違いが鮮明化したことは戦後社会の特徴のひとつといえます。

このような社会構造は戦後の教育と無関係ではありえません。家庭にかわって子どもを囲いこむようになった学校は、子どもが自然に学んでゆくことより、知識を教えこむことで、子どもを管理し社会に順応する人間をつくることに精力を費やしてきたように思われます。

どのような子どもにも高等教育を受けさせるという責任を、社会や親から突きつけられた教師は、疲弊してその任務を果たすことができなくなっています。しかしそれ以前に子どもたちのほうが教師よりも先に疲弊し絶望しているのが現状です。

極端にいえば大多数の子どもたちにとって、現代の教育はタテ社会に迎えられるためのパスポートにすぎないのではないか、その証拠に大学に入るまでは勉強するが入ってしまうと勉強しないという声をよく聞きます。入学というパスポートを得るためのマニュアルにそった、勉強に向いた子どもにとって有利なシステムになっているのです。

今の社会でエリートを育て上げるためには、小さなころから有名な私立校に進学させ、進学塾に行かせ、社会人としてのアドバンテージを勝ち取る有名校に入れるという、進学セレブとなることが近道とされています。

なかにはすばらしい家庭に育ち、学ぶことに意欲的で、人間のスケールが大きく能力的にもすぐれているという子どももも、育てられないわけではないでしょう。しかしその比率は年々減少していくのではないかと私は危惧を感じています。それは勉学ということの意義や感動を、あまりにも簡単に踏みにじってしまうような社会のあり方に問題があります。大部分の人にとって、これからの人生に役に立たないであろうことを、さも必要なことのように勉学させようとする社会、あたかもそれが機会均等であり、誰もが無限の可能性があるように信じこませる社会、その虚構性について、多くの子どもは早くから気がつき、冷めた目で見るようになっています。

世界を変えるような才能を開花させるのはほんの少数の人間だけです。そこに到達する激烈な競争で、人間性を損なわずにすむという子どもでなければ、真のエリートとは呼べません。しかし、その陰に隠れた大多数の子どもたちはたぶん勉学のすばらしさを学ぶことができなかったばかりでなく、逆に現実に失望した犠牲者になります。

少子化はますます大学受験を容易にするでしょう。それは一見入試競争を楽にするように思えますが、有名大学をめざしてかえって競争は激化するでしょう。そして本当の学力より、入学するためのマニュアルに即した勉強が進められるでしょう。

こうなってくると、育児も教育も競争のアイテムのひとつといわざるをえません。人間性を重んじるとか、生きてゆくための能力を身につけるといった、ごく普通の人となりでは満足できなくなってきます。建前では共生を標榜しながら、行動はつねに競争という本音につき動かされています。競争か共生か、世界の人々が真正面から取り組むべき問題から、私たちも目をそらすことはできないところにきています。

少し前、教育の世界では、『ゆとり教育』が制度化されましたが、その一方で『学力低下』が声高に叫ばれ、ついにその制度は挫折したかの感があります。その陰には学問に挫折した多くの子どもたちがいるからです。今になって考えれば競争と教育というこの相矛盾するテーマの堂々巡りに、競争社会における教育問題の難しさが集約されているように思います。

今の教育に欠けていること

しつけだと信じて虐待している親がいます。単なる逃げ口上ではなく本当にそうだと思いこんでいるのです。子どもとはこうあるべきだと信じて、そうならない子どもをひたすら思いどおりにしようとし、思いどおりにならないとそれは子どもが悪いからだと決めつけ、そのことによって子どもが傷ついてもそれに気づかない――そのような親はけっこういるものです。これは典型的な虐待の表れです。

このような考え方は侵略を擁護するときに使われるロジックとよく似ていて、簡単にその国の民衆を解放するといった考えに落ちこむのです。しかし侵略は、侵略を受けている側の民衆がそれをどう受けとめているか、どう感じているかが問題で、侵略する側がこの戦争は解放のためのものだといっても、その論理は通用しません。自分の思いこみが激しいため、あるいは自分の行為を正当化するため、つい相手の感情や論理を切り捨ててしまうのかもしれません。

子どもはこのような親の行為に反対することはできません。反対すればするほど行為はエスカレートするからです。なかには親のしていることを自分のためにしているのだと無理やり納得する子どももいます。

親の価値観を子どもに押しつけることは、子どもにひねくれた考え方を植えつけることになります。このような子どもが成長し子どもをもつと、かつて自分が無意識に親を正当化したときのように、自分の気持ちを正当化してしまうようになるのです。

子どものしていることの善悪を決める前に、そのことを受け入れ、それがなぜ起こったかを考えてみる、そうするとその行動には必然性があることがわかります。これをポジティブな考え方といいます。

子どもの身のまわりで何かが起こったとき、彼の感情は揺れ動き、起こったことを無視したり、反抗したりしながら、しだいにそれを彼なりに受けとめ、納得してゆきます。心の成長はそのような経過をたどるのです。その間には親や友達の助けや共感がありますが、それはおのずから会得されてゆくものであって、他から押しつけられるものでは、本質的な成長とはいえないのです。

親の意志が強く働くと本来あるべき成長は妨げられ、子どもは自尊感情を育てることができにくくなります。教育過多の親は、もしかすると自分も教育過多に育てられて自尊感情を十分に育てられなかった昔の子どもだったのかもしれません。

社会全体のこととして、子どもが悪くなったかどうかということについて、証拠もないのに簡単に悪くなったと言う大人も多いようです。子どもが悪くなった、それは学校や教育制度が悪い、あるいは親が悪いという犯人捜しのような考え方が、近年特に高くなりつつあります。それは本当かもしれない、しかし、もしかしたら間違いかもしれません。犯人捜しをして容疑者を特定することは簡単ですが、しかし本当に子どもは悪くなったかどうかを検証することのほうが先なのかもしれません。

悪くなったとしたらそれはどの時点から、どんなところがどのくらい悪くなっていったのか、証拠に基づいて考えてみるべきでしょう。

子どもや若者が悪くなったという考え方は昔からあります。

「今どきの若者は」という常套句は歴史の始まりからずっとあったのだろうと思われます。けれども今の教育基本法が成立したあたりから、その考え方に賛成できない人々のあいだに、このような考え方ではこの先子どもは悪くなるという確信めいた考え方が生まれてきて、何かにつけ、そのときどきに問題が起こるにつけ、スケープゴート探しが行われてきたという経過がありました。

たとえば日教組などは槍玉に挙げられた最たるものだったのでしょう。誤解がないようつけ加えるなら、私は日教組を擁護するつもりはまったくありません。しかしなんでもかんでも日教組に押しつけてしまった結果、かえって真相が見えてこなくなったことも事実でした。

今の学校制度は、全国おしなべて同じように学校教育をやることになっています。教育の平等性というのは、教育者の側からも親の側からも要請されています。ですから指導要領にがんじがらめになって教育し、教育を受けているのが現状です。ある意味で教育制度を変えるということは、仮に全国一斉に変えたにしろ、学年での違いが出ることを考えると消極的にならざるを得ないことなのでしょう。しかし、子どもに及ぼす影響というのは大人が考えるほど大きいものではないと思います。

私は国民学校1期生で、中学に上がったときに6・3・3の学制改革にあい、つねに変革の渦のなかで学生時代を過ごしました。しかしこの時期をいっしょに過ごした多くの仲間たちと同様、そのことに引け目も感じませんでしたし、優越感をもつこともありませんでした。

そのなかで私には忘れることのできない2つのエピソードがあります。ひとつは、終戦を迎えたとき、担任の小学校教師が「自分には君たちを教える資格がない、だからこれからほかの先生がくるまで、すべて自習とする。だけど君たちのなかにも中学へ進学する子もいるから、自分でわからないことについては手助けをしよう」と言ったこと。

もうひとつは、高校のとき新しく赴任してきた社会科の教師が「僕は西洋史の通史を教えたら東京じゅうで最も下手な教師だろうけれど、フランス革命史を教えたら日本で一番の教師かもしれない。君たちはどちらの授業を受けたいかみんなで決めてくれ」と言ったことです。

私は自習しながらもなんとか中学も受かったし、高校でフランス革命史を

習ったことで、大学では歴史を通じて将来に役立つ勉強をすることができました。そして勉学するうえで自分にデシジョンの機会を与えてくれた2人の先生に、今でも感謝しています。

ゆとり教育が失敗だったか、あるいは学力低下はそのせいだったか、という論議よりも、子どもを信頼し、子どもに信頼される人間関係の確立が、今の教育に求められているのではないでしょうか。

安心と安全、その違い

私も77歳になりました。

思えば長く生きてきたものです。3歳のときに肺炎にかかり、危うく一命をとりとめました。昭和初期のことでしたから、死ななかったのが不思議だと大人たちから言われて育ちました。そんなわけで小学校の4～5年ごろまでは虚弱児のレッテルを張られていました。戦争で田舎に疎開したときは、農家の子どもたちについてゆけずに苦労したものです。今でいう落ちこぼれでした。昔は学力ではなく体力で落ちこぼれたものでした。

戦後はこれが人間の食い物かと思われるようなものまで食べてきました。わらを炊きこんだご飯とか、残飯になにやらわからぬ動物のモツを煮こんだものをかけた闇鍋風のものもありました。こんな食生活でよく死ななかったものだ、というよりそのようなものでもあったからこそ、生き延びることができたといえるかもしれません。それでも、戦争で亡くなった人、家を焼か

れたり、病気にかかったり、餓死したりした人にたくさん出会って、そのたびに喪失感をおぼえ、後ろめたい気持ちに襲われたものでした。

別の見方をすれば、一面の焼け野原が、逆に解放感を与えてくれた、そんな時代でもありました。

大学を出たのは昭和30年代、友達には肺結核に侵され、いつのまにか死んでいったものも少なくはありません。今でこそその時代の食生活が栄養所要量からいって理想に近いなどといわれたりしますが、3カ月に1回程度のすき焼き鍋はかなりのぜいたくでした。

しゃかりきに仕事をし生きてゆくうちに、気がついてみると世の中は少しずつ整備され、さらに私の望んだ生き方はこんなものではなかったと思われるほど様変わりして、今ではもうとっくに自分たちの時代は過ぎてしまったと実感するこのごろです。

一流会社に就職した友人がいつのまにかふっくらと肥えて、すっかり貫録がつき、人生を謳歌しているように見えたものでしたが、その友も10年ほど前に、生活習慣病とやらで亡くなりました。この思い出はきのうのことのように思い出されます。

いったい、生きるということはどういうことなのでしょうか。

このような暮らしを送って今日に至ると、体を気づかってさまざまな工夫をしてゆくことよりも、先祖から受け継いだ遺伝子のほうが役に立っているのではないかというふうに思えてきます。いくら心配しても完全な食べ物はありえないし、完全な環境もありえない。いろいろ努力してもせいぜいほんの零コンマ数パーセント、長生きの確率が高くなるだけのことだと考えさせられます。

毎日、くよくよと体を気づかう人よりも、必ずしも安楽とはいえない環境――車もなければクーラーもない、仕事もかなりハードで不安定で、生きていくことに精いっぱいで、よけいな気づかいをする暇がない、という人のほうが心配しないだけ楽なのかもしれません。すべてが不安定だとかえって不安を感じないでいられるということになるのでしょうか。

　食生活の安全性について真剣に考えている人には、不謹慎だと思われるでしょうし、感覚が鈍磨しているのではないかといわれるかもしれません。そういう批判は甘んじて受けたいと思います。しかし、今の人間の安全に対する考え方の誤りのほうが、私にははるかに恐ろしく感じられます。

　安全と安心はまったく違うものです。病気になったり、けがや事故で生命を脅かされたりすることを防ぐために、人間は防御手段を考えます。危険から遠ざかり、安全性を高めるためにさまざまな基準ができており、それが守られていれば科学的・客観的にいちおうの安全が保たれます。しかしそこには偶然に起こる事故や災害は含まれないという、ある種の付帯条件があるといえます。

　私たちは私たちを取り巻く自然の所為によって生かされており、それは私たちにとってやさしいものではありません。さらに私たちが自然にかかわることによって自然そのものも大きく変化します。また、人間の生命力というものには個性的な違いがあります。ほかの人と同じ条件でも生き死にが分かれることもあります。そのような意味で百％の安全はないと考えるべきでしょう。

　それにくらべ、安心というのは安全と違い、信じるか信じないかという世界の話です。ある人は100％安心していても、別の人は100％安心できないということだってあるわけで、住み慣れた場所だから安心とか、食べ慣れたものだから安心という考えにはなんら科学的根拠はありません。しかし人間はそうしたものをよりどころとして十分に生きていけるのです。

　地球上の生物が今まで生き残ってきたのは、生き方それ自体が健康のシステムにのっとっていたからに間違いないでしょう。しかしそのシステムはちょっと狂うと種の絶滅につながりかねない危機を招くことにもなります。

　たぶん、安全ということに多くの人が注意を払うようになってきたのは、17～18世紀、当時の先進国からであって、そのころから人間の健康のシステムは大きく狂いはじめてきたからです。さまざまな病気が国境や海を越えてもたらされ、さらに安全のシステムが破壊された都市という空間で大暴れするようになってきたからです。そのとき以来、病気と安全対策のいたちごっこが始まり、臨床的な分野で勝ったり負けたりするようになっていきました。

20世紀の後半になると、一般の人間にはもう健康のシステムなど考える余地がなくなるほど、病気と安全対策のバトルは技術的になっていき、現代の人間はある意味では安全という名のブラックボックスの中で生きることを強いられてきたといえるでしょう。

ちょっと前に、千葉県のいるかを沖縄に移送するニュースがありました。千葉の水槽の温度は20度で沖縄の水温が21度であったため、あらかじめ千葉の水温を21度に上げ、ようすをみながら移送に踏み切ったといいます。たった1度の差が生命を左右するかもしれない、そのような配慮がこのような動物にはなされています。しかし現代の人間社会では健康上の配慮がまったく成立しないほどすべての環境がめまぐるしく変化している。このような変化を止めたり、減速したりすることはほとんど不可能です。

そうだとすれば、個人としてなしうる最大の防御はできるだけご先祖様の知恵を生かし、うかつに新しいものに飛びつかないこと、そして安楽とか便利を追求するより、精いっぱい生きて、くよくよ悩まないことにつきるのではないでしょうか。そうでないと日本人はすべて『生活不安症』でまいってしまうでしょう。

子どもを大切にするとは

昔から、日本人は子どもを大切にする国民だといわれてきました。
それにはさまざまな理由がありますが、ひとつには子どもをテーマにした芸術作品が多い、ということを主張する人がいます。万葉集に山上憶良という人の歌が何首か掲載されています。一説ではこの人は下級の官僚であったようですが、その歌のほとんどが、妻である母親とその子どもを詠った歌です。

しろがねも　くがねもたまもなにせむに　まされるたからこにしかめやも
おくららは　いまはまからむこなくらむ　そのかのははもわれをまつらむ

金銀財宝も子どもにくらべたらどうということはない。それに勝る宝は子どもである。
私はもはや退出いたしたいと思います。家では子どもも泣いていることでしょう。母親も私を待っていることでしょう。

このような文芸作品が千年も昔からあったことについて、それが日本特有のことなのかどうか、寡聞にして知りませんが、このようなものを残すということ、このように時代を代表する歌集に残ったということは、紙や出版などがひどく貴重だったころでは大変なことだったと想像されます。総じて、子どもが大切にされなかった昔では、残ったということだけでもすばらしい

ことだといわざるを得ません。

日本人が子どもを大事にしていたという理由のひとつとして、西洋の絵画では子どもは大人のプロポーションを縮尺しただけの扱いで描かれている例が多く、子どもらしい子どもとなったのは近世に入ってからなのに、日本では子どもの遊びなどが生き生きと描かれている絵画がかなり昔から残っていることをあげる人もいます。

たしかに、芸術作品には、洋の東西で感覚の違いがあります。一概にそれが子どもを大事にする子ども観に結びつくかどうかはわかりません。西欧の人にいわせれば違った解釈がなされるでしょう。たとえば、西欧では宗教画に描かれている子どもは神の子の抽象であって、けっして稚きもの、清らかなものを表しているのではないという解釈があります。また「子どもだましのやさしさ」の章にかかげたように、西欧では子どもという概念が成立したのが18世紀以降であったことを日本がすぐれていることの例証としてあげる人もいます。

しかし、こうして形に残されたもので大切にしているのかどうかを語るのではなく、現実に日本人が過去行ってきた歴史を直視して、そのなかから何かをつかみとっていただきたいということです。

日本では、かなり昔から明治の直前まで、飢饉などの際に嬰児を間引くという習慣がありました。一方でこのようなむごたらしいことが行われておりましたが、一向宗宗徒の多かった地方ではこのようなことはほとんどなかったとされています。そこには文化の花が咲いていたのです。

現代の私たちも含めて日本人は、このような二面性を心に宿しながら生きてきたということを忘れてはならないだろうと思います。おそらく芸術作品を生み出した人たちの心の中にも、こうした心のせめぎ合いがあり、それを乗り越えたところで芸術が生み出されたのではあるまいか、私にはそのように思われるのです。

子どもを大切にする国とは、いったいどのような要件を満たす国なのでしょうか。「日本は子どもを大事にしている国なのだろうか」――最近は特にそんな疑問が私の心にわきあがってきます。しかし一方で「なぜ子どもを大事にしなければならないのか」という問いに確たる答えをもっていないという思いも、私の心を揺さぶりつづけています。

今、成人になってしまった子どもたちに『あなたは本当に私たちを愛していたのか』と正面きって問われたなら、私はたぶんうつむきながら必死でその回答を探すでしょう。それは育児という仕事にかかわってしまったがゆえに、本音の部分で愛するということができなかったという思いがあるということもあります。さらに子どもから『私たちを大事にしてきたの』と言われればさらに返答に窮してしまいます。

生きていくうえで、あるいは生かされていくうえで、生活はあまりにもシンプルではない。かかずらわなければならないもの、かかずらわされるものはあまりにも多く、子どもについて折につけ思いをはせたにしても、それは思いやるということにはほど遠いものではなかったかと、今になって考えさせられるのです。現実の仕事にかまけて、いつしか子どもと同じ地平に立つことを忘れていたのではないか。おそらく、私と同じように感じている人は少なくないのではないでしょうか。

また、当然のことながら、そうではない、私は愛してきたと確信をもって答えられる人もたくさんいるでしょう。ただ、よくある話ですが、「愛された実感がない」とか「親のエゴを感じていた」「親としての資格を疑う」など、思いもよらぬ子どもの言葉に、愕然としたり逆上したりするケースは想像以上に多いのではないでしょうか。もしかすると、本当に愛していて、子どもからも愛されている人、そんな幸福な人はかなり貴重で幸福な存在なのかもしれません。人はさまざまです。

いずれにしても世間でいわれているほど、人は子を愛しているわけではないかもしれないし、子どももその愛を実感していないのかもしれない。それなのに、お互いに愛している愛されているという幻想にしがみついているところがあります。その幻想はさらに共同幻想となって、親と子は愛し合うのが当たり前、あるいは日本は古来から子どもを愛する気持ちが強い国といった幻想が、定着していったのかもしれません。

子どもを大事にしてきたかどうかということになると、確信をもってイエスと答える人はさらに減るでしょう。

愛というものはあまりにもはかない。それゆえに西欧の人々のように契約を結び、折にふれ確かめ合うということが大切なのかもしれません。

私の尊敬する友人が次のようなことを語ってくれました。

「かわいがるということはかわいいと同義語ではない。かわいくなくてもかわいがることはできるし、かわいがっているうちにかわいくなってくることもある」——。愛は個人個人の心にいつか生まれるもの、育ってくるものです。

生きることの意味

日本では平均的に80歳過ぎまで寿命があるといわれます。しかしその半分、40歳ぐらいしか平均寿命のない国もあります。平均寿命が短いといっても長寿者がいないわけではなく、80歳、90歳、場合によっては100歳を超える長寿の持ち主もまれにいます。このような国では乳幼児のころに亡くなる子どもたちがたくさんいるため、平均すると短命な国ということになってしまいます。

平均寿命80歳とは、ほとんどの人が長生きしているということです。なぜなら、現在80歳の人があとどのくらい生きるかというと88歳がいいところで

す。長寿といっても80歳を超えた人にとって、平均的にはたかだかあと8・6年ぐらいしか生きられません。そんな意味からいえば、日本人は大多数が与えられた寿命の近くまで生きられる、恵まれた環境にいるといえるでしょう。

では、恵まれた環境が、すなわち幸福な状況といえるかどうか、これはどうも疑わしいのです。死ぬということは事故もあれば、殺人のような思いもかけないこともある、もちろん現在でも救えない難病もある。ちょっとしたボタンの掛け違いのような生活習慣の乱れが生活習慣病をひき起こすこともある。思いがけない新しいウイルスの出現もある。死の確率は下がったといっても絶対に死なないということはありません。むしろ、死が突然やってくることの確率が高くなっているのです。死ににくい時代になったといっても、明日は死なないという保証はありえないというべきでしょう。

地域や血縁から孤立した家庭では、死に出会うことは極端に少なくなってきます。死が遠くなった社会であればあるほど、自分ひとりが死を迎えるということが不条理に感ぜられてくるのです。だから人は極端に死を恐れるようになります。しかし逆説的にいえば、人はことさらそれを意識しないようになり、日常では死や生に目をつぶって生きている。それが現代だといえるかもしれません。

つねに死と背中合わせで生きてきた昔の人には、死も生も鮮やかに映っていたに違いない。生きる意欲も死を見つめる覚悟も現代の人とはくらべられぬほど鮮烈だったといえるでしょう。

今の私たちにはそのような感覚をもつことは到底できないのかもしれませんが、もしかすると私たちがそうしたことに敏感になれるのは、新しい命の誕生というときではないでしょうか。

命というものに向き合い見つめ合って、生きるということの不思議さ、切なさを感じること、それが子の誕生であり、親自身の誕生であり、また成長であり、そのような親に育てられることが子どもにとってかけがえのないことだといえるのでしょう。

おわりに

　編集者の仕事というものはいったい何なのでしょうか。雑誌の仕事をしていますと、1冊1冊がそのときどきの勝負で、やり直すことができずに終わってしまうことばかりです。百点はおろか、いつも及第ラインの上か下かというところをさまよっていたような気がします。それでも50年もやっていますと、達成感も失敗感も消えて、何かが仕事の重みとして残っています。

　実際には私たちの仕事は、ある時代のなかで読者の気持ちがあり、書き手の気持ちがあり、そして編集者の思いがあって、そのぶつかりあいから生じる火花のようなものかなと思ったりします。そこには次の機会は存在しません。たとえ心の中に作りかけていたものや作り損なった、取り返したいものがあっても、それは次の機会に役立つわけではないのです。しかし、そこにはその仕事に携わった人々の魂のようなものが、それぞれ血肉となって体の中に残っているような気がします。

　今、「親と子の50年」というテーマを与えられて、50年を振り返ってみたときに思い出されるのは、そのときどきの親子の思い、執筆者、デザイナーといった人々の思いであり、それがフラッシュのようにきらめき消える心象風景だけなのかもしれません。

この本では、そうした心象風景を、過ぎてしまった実際の風景に重ね合わせて描いていくつもりでした。しかし鮮明に残っている部分もあれば、そうでない部分もあり、うまくつなぎあわせることは困難でした。書き上げて思うことは皆様にスケッチのつなぎあわせと感じていただければ、ということです。

日本の高度成長の前夜から今日までの50年、ある意味で切りがいい年月かなと思います。そして一生の仕事と考えた場合、50年は長くもなく、短くもない長さに感じられます。そんな意味を含めて〈スケッチ「親と子の50年」〉と名づけました。「一編集者の歩み」としたほうがよいのかもしれませんし、私史と名づけるべきだったかもしれません。とにかく、さまざまな仲間といっしょに生きた至福な時間、それを書き綴ったもの。そのように読み取っていただければ無上の幸せです。

これも長きにわたって、赤ちゃんとママという場所を与えられたからであり、啓発いただき、お力をお貸しいただいた先輩や執筆者諸先生方、いっしょに働いてくれたたくさんの仲間のお力添えがあったからこそできたことと、心からお礼申し上げます。

なかんずく、この本の制作に携わってくれた編集部のメンバー、伊藤邦恵さん、西由香さん、田畑愛子さん、五十嵐はるかさん、佐藤加世子さん、跡辺恵理子さん、デザイナーの木村協子さん、イラストのナムーラミチヨさんにあらためて感謝申し上げます。

小山敦司

●巷野悟郎　こうの ごろう

東京大学医学部卒業、医学博士。同大学小児科学教室を経て、厚生省技官、都立駒込病院副院長、都立府中病院院長、東京家政大学教授、聖徳大学教授、日本保育園保健協議会会長、全国ベビーシッター協会会長、こどもの城・小児保健クリニック院長などを歴任。現在、社団法人母子保健推進会議会長。21・子育て応援の会理事長。

●高山英男　たかやま ひでお

横浜国立大学経済学部卒業。中教出版株式会社、株式会社新評論を経て、1962年現代子どもセンター設立に参画、同事務局長に就任。1965年、同センターを母体に子ども調査研究所を設立（同所長）。民間唯一の青少年専門調査機関として、現代の子どもの生活と文化に関する調査研究を持続し、同時に人形劇・児童図書の企画・制作など、児童文化の創造活動につとめる。現在、日本玩具文化財団理事、こども環境学会幹事。

●平山宗宏　ひらやま むねひろ

日本子ども家庭総合研究所名誉所長。東京大学名誉教授。高崎健康福祉大学院大学教授。小児科医。東京大学医学部医学科卒業後、京都大学ウイルス研究所助手などを経て、昭和46年に東京大学教授に就任。日本小児科学会、日本小児保健学会、日本小児感染症学会などの名誉会員でもあり、こども未来財団、児童健全育成推進財団などの理事も務める。

●小林 登　こばやし のぼる

東京大学名誉教授。国立小児病院名誉院長。医学博士。東京大学医学部卒業後、同大学医学部(小児科学教室)教授を経て、国立小児病院小児医療研究センター初代センター長、国立小児病院院長に就任。現在はCRN所長、子どもの虹（日本虐待・思春期問題）情報研修センター名誉センター長、日本子ども学会理事長、日本赤ちゃん学会名誉理事長、日本子ども虐待防止学会名誉会長などを務める。

●原ひろ子　はら ひろこ

お茶の水女子大学名誉教授。城西国際大学客員教授。文化人類学者。東京大学大学院修士課程修了、米国ブリン・マー大学大学院博士課程修了後、拓殖大学助教授、お茶の水女子大学教授などを経て現職。日本学術会議連携会員、日本女性監視機構（JAWW）顧問、アジア・太平洋地域女性監視機構（APWW）顧問、女性と健康ネットワーク副代表・事務局長を務める。

●汐見稔幸　しおみ としゆき

白梅学園大学学長・東京大学名誉教授。東京大学教育学部卒、同大学院博士課程修了。専門は教育学、教育人間学、育児学。育児学や保育学を総合的な人間学と考え、教育学を出産、育児を含んだ人間形成の学として体系化。保育者たちと研究会を立ち上げるなど、子どもの教育に幅広くかかわる。

●渡辺久子　わたなべ ひさこ

慶応義塾大学医学部小児科専任講師。乳幼児・児童・思春期精神科医。慶応義塾大学医学部を卒業後小児科、精神科、神経内科、精神分析を学び専門は小児精神医学、精神分析学、乳幼児精神医学。現在慶應病院小児科で思春期やせ症、被虐待児、人工受精で生まれた子ども、自閉症、PTSD（心的外傷後ストレス障害）など、工業化社会の複雑な葛藤に生きる子どもたちを治療的に支援している。

●羽室俊子　はむろ としこ

保健師。東京大学医学部衛生看護学科卒業後、日本総合愛育研究所研究員（現・日本子ども家庭総合研究所）、兼愛育病院保健指導部保健婦長を経て、1983年セゾングループ星の子保育園保健師に。95年フリーとなり、地域の育児支援事業や乳幼児保健、保育園保健研修団体に参加。山梨大学、岩手県立大学での非常勤講師を経て、現在、保育園看護職の調査や研究論文作成の指導などにあたっている。

●大日向雅美　おおひなた まさみ

恵泉女学園大学大学院平和学研究科教授。NPO法人あい・ぽーとステーション代表理事。お茶の水女子大学・同大学院修士課程、東京都立大学大学院博士課程修了。学術博士。厚生労働省社会保障審議会委員、文部科学省中央教育審議会委員、内閣府男女共同参画推進連携会議副議長などを務める。子育てひろば「あい・ぽーと」では、親子の居場所を提供し、地域の「子育て・家族支援者」の養成に取り組んでいる。

●小西行郎　こにし ゆくお

日本赤ちゃん学会理事長。同志社大学赤ちゃん学研究センター教授。小児科医。京都大学医学部卒業後、同大附属未熟児センター助手、福井医科大学小児科講師、助教授を経て、1999年埼玉医科大学小児科教授に就任。2001年東京女子医科大学に乳児行動発達学講座を開設し教授となり、2008年10月より現職。赤ちゃんをまるごと考えるために分野ごとの壁をとりはらおうと2001年に"日本赤ちゃん学会"を創設。

ブックデザイン　木村協子
装画・本文イラスト　ナムーラミチヨ
校正　河野久美子
写真　P25　松谷みよ子民話研究室
P54　芸術教育研究所　おもちゃ美術館
P9～P78（上記２点以外）
PANA通信社

スケッチ「親と子の50年」

発　行　2011年5月10日　第1版　第1刷

編　著　小山敦司
発行人　小山朝史
発行所　株式会社　赤ちゃんとママ社
〒160-0003 東京都新宿区本塩町 23 番地
TEL 03-5367-6592　販売
03-5367-6595　編集
http//www.akamama.co.jp
振替　00160-8-43882

印刷・製本　共同印刷株式会社

　ISBN978-4-87014-065-3